歩《あゆみ》

――僕の足はありますか?

滝川英治
Eiji Takigawa

主婦と生活社

想像もしていなかった新たな人生が始まった

「あなたは、今を生きていますか？」

「わたしは、今を生きていますか？」


２０１７年9月15日。テレビドラマの撮影中に起こった事故によって、僕は障がい者となった。


当時、38歳。俳優として活動し、約20年が経とうという頃だった。

主演舞台からミュージカル、テレビドラマと仕事は順調で、その先も仕事が決まっていた。

撮影していた『弱虫ペダル』は、２０１３年の舞台から出演している大切な作品だ。ドラマにも参加させていただけたのは、誇らしいことだ。

だから、およそ5ヶ月に及ぶ撮影も、毎日が楽しく、刺激的だった。

その日は山梨県の山道で、ロードバイクで走るシーンを撮影していた。

僕は、ロードバイクが転倒したはずみで地面に激突した。重傷だった。

そして……死を覚悟した。

ドクターヘリにより甲府市内の病院へ救急搬送され、手術を受けて、どうにか一命をとりとめることはできた。

しかし、身体に受けたダメージは大きく、脊髄損傷《せきずいそんしょう》と診断された。


「脊髄損傷」


たった4文字がもたらす影響は、しかし、とてつもなく大きく、重かった。

僕は首から下が全く動かせなくなった。

長身を生かし、アクションもこなせる〈俳優・滝川英治〉として、それまでと同じように生きることは不可能になった。


事故の後、世界の景色は一変した。

腕1本動かすにも、医療器具の助けを借りなければできない。

トークで場を盛り上げるのが好きだったのに、声を出すことすら苦しい。

移動するにも、車イスや誰かの力を借りなければ動けない。

それまで気にも留めなかった、道路のほんの数センチの段差に、行く手を阻《はば》まれる。

一人でできないことがあまりに多すぎて、もどかしくてたまらない。

暗闇の中で希望と絶望が交互に顔を出すような、ぎりぎりの精神状態を彷徨《さまよ》っていた。

この事故を境に僕は、それまで全く想像もしていなかった方向へ人生の舵《かじ》を切ることになる。

10 分打ち込んで 10 分休憩するペースで僕の口で想いを綴《つづ》る日々。手が動かなければ、口を動かせばいい。

目次

滝川英治を
支えている人々への
インタビュー

構成	麻宮しま
撮影	宮坂浩見
装丁・デザイン	bookwall
ヘアメイク	工藤聡美
校閲	滄流社
編集	猪俣志保
マネジメント	片山依利（えりオフィス）
	松山菜摘子（えりオフィス）
撮影協力	所沢市ロケーションサービス

第一歩

俳優・滝川英治誕生

「イケメン」がコンプレックス

僕、《滝川英治》は1979年3月24日に広島で生まれた。

豪快かつ大胆で外向的な父親と、緻密《ちみつ》かつ繊細で内向きな母親。

その2人の間で、僕は豪快さと緻密さという二面性を併せ持った性格に育った。3歳年上の姉とも、とても仲がいい。

子どもの頃から今も変わらない僕の性質がある。

それは自分の発想や想像力で、人を楽しませたい。喜ばせたい。幸せにしたい！　ということ。僕の発信で周りが笑顔になることに、無上の喜びを感じる。

それは、今もずっと変わらない。俳優になったこと自体は偶然の結果だけれど、それを天職だと感じるのは、きっとこの思いが僕の深いところに根差しているからだろう。

子どもの頃からスポーツが大好きで、特に小学校3年生で始めた野球では、背番号1でエースピッチャー、そして4番バッターとして活躍していた。勉強はイマイチだが、スポーツにおいては「万能」と言えるほど運動神経はよかった……と、ここでは書いておく。

というと、雑誌などのインタビューでは「イケメンだし、子どもの頃からモテたんじゃないですか？」なんて訊《き》かれることもあるが、とんでもない。確かに、バレンタインデーにいくつかチョコレートをもらうことはあったが、嬉しさより恥ずかしさが上回ってしまう性格だから、毎年、憂鬱《ゆううつ》だった。

やがて大阪の男子高校に入学すると、さらにそんな気持ちを煽《あお》る出来事が襲った。他校で勝手にファンクラブなるものが作られ、いつどこで撮られたものやら、僕の写真が何種類も売られ始めたのである。

（なんだ、これ……。駅のホームや学校の帰り道で撮られたのか？）

全く覚えがない。

こんなことを勝手にされたら、気分が悪いに決まっている。僕は女子から取り上げた写真を捨てた。「女性＝面倒臭い存在」に変わった。

後に、写真を売っていたのがクラスメイトの男子だということを知り、ショックを受けた僕は、親しくない人とは距離を置くようになった。

大学に入学すると、人との出会いも増えて、上辺だけの付き合いがさらに面倒臭く感じるようになった。人と大勢でつるむのは嫌いで、最低限の仲間がいれば充分だった。

〝イケメン〟や〝背が高い〟と評されるルックスは、親から与えてもらったもので、自分の努力でつかみ取ったものではない。何をしても、僕の中身ではなく、自分ではどうにもならない生まれもったもののみが注目されることに虚しさを感じていた……。

どうしたらお互いが《本質》同士で笑い合えるのか。ただ、本当の「僕」を見てほしいという気持ちが強かった。

平凡な大学生から芸能界へ

ルックスで目立ちたくないという気持ちを抱えた僕は、大阪でいたって普通の大学生活を送っていた。ある日、街中を歩いていると、不意に、一人の女性が僕に手を差し出してきた。

「あの、長瀬智也さんですよね！　握手してください！」

「ん？　え？　違いますよ」

（「ですか？」ならまだしも……「長瀬智也さんですよね！」って断定!?　ここ大阪やで！）

おそらく、僕の顔は真っ赤で、相当舞い上がっていたはずだ。だって当時から、長瀬さんは人気絶大で、テレビの向こう側で輝くスター。その長瀬さんに見間違えられるなんて、外見で判断されたくないとか言ってても、当然、悪い気はせず、つい頬がゆるんでしまう。いつもと違う表情だったからか、その日、また別の女性から声をかけられた。

「あの、芸能界に興味はない？」

その女性は、芸能プロダクションの人間だったのだ。

「ん？　え？」

僕はその頃、夢中になれる趣味や将来やりたいことも、遊ぶお金もなく、大学生活を普通に過ごしていた。といって、のんびりモラトリアムを楽しめる心境でもなく、心のどこかでは「このままでいいのだろうか」という焦りが募っていた。

そのタイミングでの芸能プロダクションからのスカウトだったから、流れのままにその話を受け、事務所と契約を結んだ。

ただ、初めはアルバイト感覚で、ちょっとおこづかいを稼いだら辞める程度の心づもりだった。だが、演技レッスンにも通い始めると、程なくして初めてのドラマ出演が決まった。

張り切って収録に挑んだものの、慣れない演技にNGを連発。共演者に現場で演技を教えてもらうなど、何かと足を引っ張る結果になってしまった。

それは、僕にとっては、今まで味わったことのない挫折。それからというもの、お芝居とがむしゃらに向き合った。いつのまにか、バイト気分は吹き飛んでいた。


続いて、ニール・サイモン作『アランとバディ』で、舞台にも初挑戦した。ドラマと舞台は全くの別物で、演じ方も違う。稽古《けいこ》と本番を通して、たくさんのことを失い、そして学んだ。新人の僕は、一番早く稽古場に入り、自主稽古に励み、一番最後に退室する。演出家の求める芝居ができずにあがく僕を見かねて、先輩の共演者が居残り稽古に付き合ってくれることもあった。


ある時、唐突に「床のこのシミを見て笑ってみて」と先輩に言われた。僕はとっさに、うまく笑うことができなかった。というより、意味がわからなかった。

(だって、シミはただのシミだろう?)

けげんな顔の僕を前に、先輩は腹の底から大笑いしてみせた。どうしてそんな演技ができるのか。当時の僕には、衝撃的な光景だった。床のシミをネタにただ機械的に笑うのでは、何の説得力も持たない。が、先輩は想像力を駆使して、その何の変哲もないシミの背景にとてつもなくおもしろいストーリーを作り上げた上で、腹の底から笑っていた。だから、「床のシミを笑う」という一見、不思議な行為に、段違いの説得力を持ち得たのだ。

つまり、芝居とは、抽象的なテーマや世界を具現化するために、純白のパレットに背景、時間、場所、匂い、人々など色々な色を置き、混ぜて、埋めていく作業。演者の解釈や力量しだいで、どんなシチュエーションでもリアル感を持たせることはできるし、逆もまたしかりだ。

演じる者がそこにリアルを感じていなければ、観客をその世界へ引き込むことなどできるはずがない。舞台というキャンバスに、いかにウソのない世界を作り上げ、その世界を生きることができるかが大切だということを、先輩は実践を通して教えてくれたのだ。こうして僕は、機会と出会いに恵まれながら、少しずつ「役者」に近づいていった。

そして、稽古で培《つちか》ったものを、本番で一気に放出する。舞台の醍醐味といえば、客席からリアルタイムで返ってくる生の反応だが、当時はそれを味わう余裕もなく、ただがむしゃらに周囲に食らいついていった。

ある時、先輩からこんな言葉を頂いた。

「あなた、楽しんでる？　演出家が望むものをやろうとしすぎてない？　俳優はいかに自己プロデュース能力に長けているかが大切。演出家の人形じゃない。人の真似事じゃなく、まずあなたがやりたいように、あなたが望むものを自由にやってみなさい。自分が楽しまなければ、他人を楽しませることなんてできない。そして、ただそこに生きなさい！　それができてからだよ、演出家の意図を汲《く》み取るのは。自分とすら対峙《たいじ》できていないのに演出家と対峙するなんて、10年早いぞ！」

その言葉に、それまで心に張り詰めていた焦りや苦しみが吹っ切れた。

（まずは自分がやりたいように自由に、楽しむ。……ただ生きろ、か）

そうだ、若くキャリアの浅い僕は、失うものなんて何も持ち合わせていない。それなのに演出家の期待に応えなければと余計なプライドが邪魔して、自分自身を見失っていた。

そこからは、一皮むけたように思う。

こうして、いつのまにか「芝居」の魅力にどっぷりハマっていった。最初は苦痛でしかなかった現場が、数年後にはこの上なく快適な居場所になったのだ。

この世界が、自分の今までの価値観を変えてくれた。

カッコいい人や綺麗な人は、山ほどいる。でも、芝居の世界は見た目だけで評価されることはない。内面からにじみ出る優しさや温かさ、情熱、努力、経験、それまでの生き様すべてが芝居に投影される。だからこそ、己を磨き抜いた役者は、舞台上では汗や涙や鼻水でさえカッコよく見えるんだ。

（面白いじゃん！　やってやるよ！　もっと磨いてやる！）

僕は力強く、俳優としての階段を一歩踏み込んだ。

勝ちとった「リポビタンD」

20代のキャリアにおいて大きな転機となったのが、栄養補給ドリンク「リポビタンD」（大正製薬）のコマーシャルだ。ケイン・コスギさんのパートナーを募集するオーディションに合格し、テレビCMに出演することになった。

スポーツジムで身体を作り、ケインさんの鍛え抜かれた肉体に刺激を受けながら、初めて挑んだCM撮影。のべ30本近くの過酷な撮影を経験した「ファイト・一発！」は、今でも心の支えにしている言葉だ。

5年間のCM契約期間を終えた後もずっと大正製薬さんは、「英治君が、この世界を続けている限り応援させていただきます」と毎年、リポビタンDとエールを贈ってくださ

ケイン・コスギさんをはじめ、多くのスタッフと一緒にONE TEAMで挑んだ作品。海外ロケにも行ったりして、僕の20代の大きな思い出の1ページだ。
(2002年4月　ケイン・コスギ&滝川英治「ファイト・一発！」ポスター)

る。有り難いお心遣いに、感謝の気持ちしかない。

このCMを機に、続々と他の企業との契約も決まり、一時期は4本程のCMに出演。東京での仕事が増えてきたことに伴い、大学卒業とともに実家のある大阪から東京に拠点を移した。

そして僕は、いよいよ芸能活動に邁進《まいしん》することになる。

モノづくりの原点は『テニミュ』

今でも長く続くミュージカル『テニスの王子様』シリーズ。僕は、その中で冷静沈着なテニス部部長〈手塚国光〉を演じた。

いまや大人気の2.5次元舞台の火付け役ともいわれるこのシリーズの、ファーストシーズンに出演できたことは大きかった。まだ『テニミュ』の人気が爆発する前の時期だったが、僕にとって初ミュージカルということで、刺激的な毎日だった。

事前の知識がほとんどなかった僕は、テニスやダンスの経験者である共演者に教えてもらいながら、必死に振付を憶えたものだ。

今でこそテニミュは独特の世界観や魅力的な演出で高い人気を誇っているが、この時はすべてが初体験で、手探り状態。制作スタッフも出演者も、イマジネーションをフル活用して形作っていった。それだけに、共演者同士の仲はよく、強い絆で結ばれていた。後にずっと付き合いの続くことになる、郷本直也や森山栄治、KIMERUら役者仲間と出逢ったのもこの舞台だ。主役の新入生部員を演じた柳浩太郎とは役柄上も繋《つな》がりが強く、よく演技についても言葉を交わした。

大した社会経験も経ずに芸能界入りした僕にとって、「観客に楽しんでもらうためによりよいものを作ろう」というモノづくりの現場を体験できたのが、テニミュだった。今まで一人で、人を笑顔にしたいと思い描いていた夢。それを、みんなで一緒に同じ方向を向いて作り上げられるんだ！　舞台って最高だ！

苦労した甲斐があって、幕が上がった初日に半分ほどの入りだった客席は、日を追うごとに埋まり始め、千秋楽では立ち見も出るほどの大盛況となった。

満場のスタンディングオベーションに包まれた時、テニミュがとてつもなく大きなものに育ったという実感に身震いした。プロデューサーが「次も絶対にやるぞ！」と既に〝先〟を見据えて興奮気味に叫んでいるのを眺めながら、まだ僕の中では、激変しつつある〝今〟を受け入れる整理もついていなかった。

（まだまだこれからだ、調子に乗りすぎるなよ）

そう自分を戒《いまし》めながらも、興奮のあまり、顔がニヤつくのを抑えられない。

いずれにせよ、あの時、カーテンコールでステージの上から見た景色は忘れられない。みんなで苦労してモノづくりをした結果、お客様の笑顔につながるという、この上ない達成感を感じた瞬間だ。そこが僕の原点だ。

駆け抜けた20代

俳優としての仕事が軌道に乗り、「リポビタンD」のCMをきっかけに、トレーニングの楽しさにも目覚めた。

仕事で地方に行くと、まずホテルの近くにジムを探す。仕事終わりに共演者との食事を断り、クールダウンで汗を流す。それがルーティンになっていた。というと大変そうに思われがちだが、僕にとっては寝る前に歯を磨くのと同じ感覚。適度に身体を動かすことがリフレッシュにつながり、嫌なこともサッパリ忘れられる、とプラスしかない。唯一困ったことといえば、仕事仲間との付き合いが悪くなりがちなことくらい。

何より、トレーニングは嘘をつかない。汗を流した分、そのまま結果に反映される。肉体的にも、精神的にも鍛えられる。もちろん、ぎりぎりまで肉体を追い込む中で苦しい瞬間はあるけれど、この努力が将来、結果として自分に返ってくると考えれば、決してやめたいとは思わなかった。

トレーニングに関しては時間もお金も惜しまなかった。仕事が終わればジムへ直行し、汗を流す。週に5回顔を出すことも珍しくなかった。この頃から、よく一緒にトレーニングさせて頂いていたのがGACKTさんだ。心身ともに僕の師でもある。バッキバキに鍛え抜かれた肉体は、男でも惚れ惚れするくらいだ。

この時期の僕はまさに、「よく働き、よく鍛え、よく遊ぶ！」。次々と仕事をこなしつつトレーニングに励み、そして毎晩のように飲んでいた。睡眠時間なんて、2時間もあれば充分。気心知れた仲間と六本木や西麻布に繰り出しては、一晩中飲みながら語り明かす。丸3日間、同じ店で飲み続けたこともあった。

役者仲間との静岡の浜辺でのBBQで、2時間は滞在できる予定だったのに、渋滞のせいで15分程顔を出しただけで東京へとんぼ返りせざるを得なかったこともある。とにかく楽しい場が好きで、寸暇を惜しんでは参加していた。

といっても酒に飲まれるほどの深酔いはせず、記憶もしっかりしてる。酔ったら、ただひたすら陽気なお兄さんになって、ずっとふにゃふにゃ笑ってる感じだ。

現在は一滴もお酒は飲まないが、あの頃たらふく飲んだお酒がまだ残ってるから、それで充分かな。

今思えば、20代はすべてに全力の日々だった。

……でもそれは、心の中に引っかかるモヤモヤを、全力で走り抜けることで風を起こして晴らしたかっただけだったのかもしれない。

迫りくる「30の壁」

仕事にも恵まれ、トレーニングやアウトドアスポーツなど打ち込める趣味があり、信頼できる仲間もいる。愛犬パールを飼い始めたのもこの頃だ。

僕の20代は、駆け足で通り過ぎていった。だが、いくら仕事が順調でお金もあり、恋愛をしていても、実は心の底から満ち足りたと感じたことは一度もない。

僕の頭の中には、常にある言葉が渦巻いていた。

それは、可愛がっていただいた俳優の先輩からの、「たとえ今は良くても、『30の壁』が絶対にやってくる」という一言だ。

「30の壁」……。

それは、20代は若さや勢いで何とか切り抜けられたとしても、30歳前後を境にパッタリと仕事がなくなってしまう法則のことだ。理由は様々にあるのだろうけれど、この壁をうまく耐え忍び乗り越えられれば、再び波が来るとも言われる。実際、今活躍している方々も、多かれ少なかれそういう経験をした人は多いはずだ。

芸能界はとにかく不安定な世界で、安心できる瞬間なんてない。イスに座るにも、背もたれに寄りかかっているようじゃ失格。常に前のめりで攻め続ける姿勢が必要だ。今の僕が言うと説得力があるかもしれないし、自戒を込めて言うが、自分の替えなんていくらでもいる。毎年、たくさんの有望な新人が登場する。熾烈《しれつ》な競争世界で「壁」に阻まれ、30歳前後で役者を廃業する人は多い。

もちろん、自分でもわかってはいた。それゆえの不安に、いつもさいなまれていた。

(オレはもっともっとできる！)

それでも、できることはただ目の前のことに一生懸命に向き合うことだけだった。

そして、僕もこの「30の壁」にぶち当たってしまった。
27、28歳ぐらいから、それまでの契約が終了になり、新しい仕事のオファーが減ってきた。30歳も間近になると、それまでは難なくこなせていた役柄に、急に違和感が出てくる。役の幅が狭くなり、20代とは違う個性を求められもする。

一般の社会なら、仕事が身につき、ある程度の肩書も付く頃だが、芸能界ではまだまだ若手。友人や知人からは、結婚して子どもが生まれたという知らせをよくもらうようにもなった。

周囲の流れに逆行するように、自分の仕事は減っていく現実。スケジュール帳はポッカリと空白ができ、貯金通帳の残高は、日に日に寂しくなっていく。危惧はしていたが、これほどにまで露骨にわが身へ降りかかってくるとは。

僕は悩んだ。生きている実感すらも薄れていく気がした。俳優をやめる気はなかった。そもそも何もなかった僕に、生きる道すじをつけてくれたのが芸能界だ。既に、俳優という仕事の魅力を知ってしまっている。

しかし、このままではいずれ先細りになってしまうのではないか……。不安は募った。現状を打破しようと、とにかく芸の肥やしになると思えることに、次々とチャレンジした。変化を求めて、心機一転、事務所も移籍した。30歳を超えても、トレーニングは続けていた。トレーナー養成のための専門学校へ通い、フィジカルから心理面、栄養学まで学び、試験を受けてパーソナルトレーナーの資格を取得した。

こうして様々なことを試してはみたが、劇的に状況を変えられるところまではいかず、モヤモヤした気持ちは消えない。

そんな中でも、いろんな演出家との出会いにより、俳優としての僕が形成されていった。中には、台本に台詞がなく、「5分あげるから何かやって」と演者の感性を試す人もいる。

ある舞台の本番初日を終え、演出家が言った。

「英治くん、よかったよ！　でも、型におさまってる。英治くんらしさが出てない。芝居を受ける側も、先を予測してしまっている。もっと上に行けるはずだ。ぶち壊そう」

一度完璧に作り上げたら、それをまた壊して、さらにその芸術性の幅を確かめたい、可能性を探りたいタイプの演出家だった。

「芝居を追求するためだ。滝川ワールドを見せてくれ。大丈夫だ。すべて責任をとる」

僕は、首を縦に振った。そして、与えられた5分の時間の中でいつも荒れ狂い乱れる場面で……パンツ一枚になった。中途半端にやるならやりたくない。いつもの10倍のエネルギーを使った。

お客さんは喜び、拍手喝采。が、本番後の重苦しい険悪な空気を、僕は察知した。みんなプロだからその場ではうまく対応はしてくれたし、そこに対しての信頼はある。しかし……正直、楽屋には戻りたくなかった。

演出家にキャスト全員が呼ばれて、演出家が意図を話した。

「今までは守りの芝居だ」

「もっとこの作品は上に行ける」

「今日の芝居は最高だった」

と。しかし、共演者の顔を見れば、そんなふうに思ってる人がいないことは察せられた。

だが、その後の公演でも、僕はぶち壊した。周囲には「ごめんな」と心で詫びつつも、本番になると振り切るしかなかった。何が何でも全力で楽しんでやるしかなかった。

確かに、この芝居自体の可能性と、僕自身の可能性が広がった。そう、思っている。本番後の打ち上げで、皆もようやく演出家の意図がわかったと言ってくれた。その言葉は少しばかりの救いだったが、その公演期間、僕は孤立した。

ある時、撮影中に膝《ひざ》を擦《す》りむいてしまった。

当時、大切にしていた恋人は思慮深く、僕の体調を気遣って栄養管理までしてくれるような人だった。傷に気づき、「手当てをしないと」と言う彼女に、僕は「大丈夫、大丈夫！　大したことないから」と軽く答えて仕事に出かけた。

部屋に帰ると、テーブルに手紙と絆創膏《ばんそうこう》が残されていた。手紙には、

「あなたの仕事は、身体が使えなくなっちゃったら、やりたくてもできなくなってしまうんだよ。身体が一番だよ。自分を大切にできない人は、人なんて大切にできないよ。他人のことを勇気づけたりなんかできないよ。だから自分を大切にしてください」

とあった。

僕は傷に絆創膏を貼り、それからずっと、その文面を眺めていた。


今になって、その言葉が心にとても響く。

30歳に差しかかる頃には、自分の芝居の持ち味や求められるカラーなどが理解でき、新しい仕事もそれまでの経験で「こなせる」ようになってきていた。そう、こなせてしまうのだ。

本番に入れば、夢中で楽しく演じるのだが、ある面では〝なぁなぁ〟になっていた部分があったのかもしれない。本当は、いろんな演技プランや自分や作品の可能性を、もっと追い求めなければいけないのに。

それでも、たくさんの方々が笑い、泣き、拍手喝采を送ってくれる。すると充実感を覚

え、満足してしまう。新人の頃ならもっと向上心を持ち、貪欲にぶつかっていただろう。

「30の壁」は、そこでもがいて一皮むけるか、もう一段上へ行けるかの試金石だったのだ。自分をしっかり見つめて大切にしていない者が、成長なんてできるわけない。他人の心を動かすことなどできない。

それは、自己管理一つにも表れる。彼女は、僕のプロ意識の緩みを見抜いていたのだろう。そうして、それを優しさとともに示してくれたのだ。おかげで僕は、ぎりぎりのところで踏みとどまることができたのだと思う。

その後、様々な経験をしながらも、再び仕事のオファーを頂けるようになってきた。

気づけば、僕は「30の壁」を超えていた。

そして……、事故に遭った。

だから、ファンの中には、「まだまだこれからという時期だったのに」と惜しんでくれる方もいる。

けれど、僕は違う。30の壁を超えることはできたけれども、不安や恐怖といった《モヤモヤ》をずっと抱えていた。事故に遭う直前でも、俳優の世界での未来、自分にとっての答えが見出せず、自分の足で歩いている感覚ではなかった。

40歳を目前にして、

(本当にこのままでいいのか)

スケジュール帳は埋まっていたものの、心の中にはまだポッカリと空白が残っていた。

天職と考えている俳優をやめるという選択肢すら、何度も脳裏をよぎるようになっていた。何かを変えたかったが、踏み込む勇気もなく、流れに身を委《ゆだ》ね、立ちすくんでいた。


今でも毎日のように「死」を身近に感じている。

でも今は、《モヤモヤ=不安や恐怖》はない。それ以上に《希望》に満ち溢れているからだろう。やるべきことへの使命感と生き抜くことへの責任感で、毎日が充実している。

もしかしたら今の方が、壁を超えてやろうというがむしゃらさは強いかもしれない。「30の壁」の比ではないほどの高い壁を前にしているんだからね。あのまま生きていたら辿《たど》り着けなかっただろう道に、今、僕はいる。


それでも、僕は……新しい道にある高い壁を乗り越え、それこそ死に物狂いで生きていかなければならない。

過去に出演してきた数々の作品。**A.**写真集『Age 37』より、お気に入りの一枚。©宮坂浩見　**B.** 2016年よりLive Musical「SHOW BY ROCK!!」シリーズに、ロム役で出演。© 2012, 2019 SANRIO CO., LTD. SHOWBYROCK!! 製作委員会　**C.**舞台『ペルソナ4 ジ・アルティマックス ウルトラスープレックスホールド』の巽完二役。©ATLUS ©SEGA／©P4U2 STAGE PROJECT　**D.** 原点となったミュージカル『テニスの王子様』では、主人公の所属するテニス部の部長・手塚国光を演じた。©許斐 剛　TK WORKS／集英社・テレビ東京・NAS ©許斐 剛／集英社・マーベラス音楽出版・ネルケプランニング　**EF.** 連続ドラマ『弱虫ペダル』シリーズで、主人公の所属する自転車競技チームの最強のライバル校「箱根学園」の部長・福富寿一役に。©渡辺航（週刊少年チャンピオン）2008／スカパー！・東宝・舞台「弱虫ペダル」製作委員会

「戦友・滝川英治」へ

俳優
郷本直也

ゴウモトナオヤ／恵まれた体躯と器の大きさがにじみ出る芝居で、多くの舞台で活躍。出演作に舞台『弱虫ペダル』、ミュージカル『テニスの王子様』、ミュージカル『青春-AOHARU-鉄道』ほか。

数々の舞台が繋ぐ「腐れ縁」

　初めて顔を合わせたのは、ミュージカル『テニスの王子様』の初演。同じチームの滝川さんは部長、僕は後輩という役どころでした。そのころ滝川さんは「リポビタンD」のCMなどに出ていて、新人の多かった僕達他の出演者から見たらすでに別格の「有名人」だったんです。「ザ・芸能人」というような力強いオーラを放っていて、緊張したのを憶えています。

　だけど、いざ口を開いたら、ああいう人でしょ(笑)。根っから明るくて、ちょっと天然というか、会話していても「?」となることが多くて。端正な見た目とのギャップに驚きましたね。

　当時は共演シーンも少なく、それほど絡みもなかったけれど、その後、再び交わったのが2012年の舞台『弱虫ペダル』。お互い30歳を過ぎて、ライバル校の主将同士という役柄設定もよかったんでしょうね。滝川さんがいつもみたいにボケたら、僕も遠慮なくツッコめるようになって(笑)、グッと距離が縮まりました。

　そうして本音でぶつかり合えたからこそ、お互いにより心を開けるようになりました。体力的に過酷な舞台の地方公演の後、深刻な表情の滝川さんに呼ばれて、移動の新幹線の車中、2時間半も芝居の相談に付き合ったこともあります。

　不思議なことに、そこからはいろんな作品で何度も共演するようになって、もう僕の中では「腐れ縁」と呼べる関係になってますね。友達というより、「戦友」です。

　事故の知らせを聞いた時は、自分は既にクランクアップしていて、舞台の本番中でした。自分も出演しているドラマのことよりも、滝川さんの容体はどうなのか、そればかりが心配で……。状況はすぐにはあまりわからない中、滝川さんの出演予定のライブミュージカル「SHOW BY ROCK!!」の代役の依頼が来たんです。彼が舞台に戻るまで、役者として復帰するまでは、自分にできる形で支えようと思い、引き受けました。代役の舞台期間のスケジュールだけ偶然空いていて、1ヶ月で役作りとボディメイクに挑むことに。後から滝川さんがすごく感謝してくれていたと聞き、「今度、焼肉おごってね」と伝えておきました（笑）。

今の滝川さんの背中を見ていたい

とはいえ、実際に仲間達と初めてお見舞いに行こうという話になった時は、「今、滝川さんはどうなってるんだろう?」と正直、少し心配していたんです。

病室で見た彼は、僕の知る姿とはやっぱり違っていて、ドキッとしました。けど、それも最初のうち。すぐにみんなで、いつもみたいにおしゃべりして盛り上がりましたね。

事故を経験した滝川さんは、当然、いろんな葛藤《かっとう》や苦しみを抱えていると思います。でも、彼の根っこには底抜けの明るさやおちゃめさがあるから、僕達と話す時は前向きで、「これからこんなことをしたい」「そのためにこうしたい」といった会話が止まらない。それも、会うたびにより具体的に、さらに力強くなっていくんです。だから僕も応援したいと思うし、つい時間を忘れて、話し込むこともしばしばあります。

それは今だって、「事故を何とか回避できていれば……」と思うことはあります。けれど、あの事故をきっかけに、たしかに滝川英治は変わった。人の話をよく聞き、コミュニケーションを深くとれるようになったし、ますます穏やかになった。

それまではどちらかといえば自分中心の生き方で、誰かに影響を与えるということを、本人もそれほど意識はしていなかったと思うんです。でも、今は前向きに、世の中に広く伝えたいことや実現させたい目標に向かって考え、努力している。カッコいい見た目に、中身もふさわしく追いついてきているんじゃないかな。「その背中を見ていたい」と、素直に尊敬できる存在ですね。

そんな滝川さんに、あらたまって伝えたいことは……特にないなあ（笑）。だって、今でもよく連絡とり合ってますからね。

でも、強いて言うなら、

「やりたいことがあるなら、手伝いますよ！」

「寂しくなったら、気を遣わずにいつでも呼んで」

っていうことかな。ああ、あとは、

「そろそろ焼肉ごちそうしてよ！（笑）」。

第二歩

すべてが一変した事故

あの日

秋晴れの日だった。

まだ夏の暑さが残る山梨県の山中で、その日もいつもと変わらず朝早くから出演者とスタッフが集合し、それぞれの仕事の準備を始めた。

ドラマ『弱虫ペダル Season2』の撮影は、終盤に差しかかろうとしていた。5月から始まった撮影も、全体のオールアップ（撮影完了）へあと数日を残したところまで進んでいた。数日前から、撮影を終えた出演者から順に現場を去っていき、僕を含めて数人しか残っていない。

僕のクランクアップも翌日に迫っていた。

2017年も既に舞台4本にドラマ撮影、先の仕事も決まっており、多忙な時期だった。これまで以上に「自分が背負うんだ！」という気持ちが強く、常に走り続けているような気がした。中でもこのドラマは、撮影中に暑い夏を迎え、みんなで汗を流しながら乗り切ってきたこともあり、終わるとなると格別の思いがこみ上げてくる。

現場には一足早く撮影終了した演者もちらほら。その充実感とわずかな寂しさが漂い、あちこちで「打ち上げで会おう」「また飲みましょう」といった、なごやかな会話が交わされていた。

といって、決して空気が緩んでいたわけではない。


この年の夏は天気に恵まれず、ロケ地である関東近郊は記録的な豪雨に見舞われた。大規模ロケを予定していた大分では台風が直撃するなど、制作スケジュール通りに野外での撮影ができない日もちょくちょくあった。

でも、出演者達は、いたってのんびりとしたもの。若い男が多いこともあり、現場の雰囲気はワイワイと賑やかだ。


スタッフ泣かせの天気が続いた撮影もいよいよ大詰め。

ストレッチやマッサージなどのボディメンテナンスは入念に行うようにしていた。この作品はロードレースを題材としている。ロードバイクは相当なスピードを出すことが可能で、プロのレースともなると、時速70キロを超える。だからこそ、クランクイン前にはキャスト全員が集まって講習を受け、現場にはロードバイクの乗り方などを指導してくれるプロのトレーナーが常に帯同して、安全管理も徹底されていた。僕自身もロードバイクをプライベートで購入し、徹底的に乗り込んでいた。

この日の撮影は、晴天に恵まれたこともあり、スムーズに進んで、午後2時を回った頃に僕の出番となった。何度かコースを確認し、監督の生気に満ちた声が夏山に響いた。

「本番！　よーい！　アクション‼」

僕は勢いよくペダルを踏み込んだ。ぐんぐんスピードを上げ、見晴らしのいい下り坂で緩いカーブを曲がろうとした瞬間、異変が起きた。

何が起こったのか、とっさにはわからなかった。ハンドルから手がすっぽりと抜けるのを感じた直後、身体が吹っ飛ばされた。

（うわっ、ヤバい！）

そう思った時には、目の前にコンクリートの地面があった。

よく、突発的な事故などに遭った人が「時の流れがゆっくりに感じられた」と語るが、まさにその通りで、まるでフィルムが1コマ1コマ進むように、目の前で起こっているすべてのことが、とてつもなくスローに感じられた。だが、実際には、たった1秒の出来事だろう。この時の一瞬、一瞬の光景は、今でも鮮明に記憶している。僕は、ロードバイクが転倒したはずみで宙を舞い、「グキッ」という音とともに地面に激突した。

視界いっぱいに広がる、一面の青空。それが、落車した後、最初に目に飛び込んできた景色の記憶だ。僕は地面に仰向けに叩きつけられた状態で、頭上に広がる空を眺めていた。よく晴れて、撮影にはもってこいの、抜けるような青空だ。

まだ頭は混乱していたが、大変な事態が起きてしまったことは察せられた。


（やってしまった……）

とりあえず、起き上がって周囲の様子を確認しなければ……。

しかし……

（あれ？）

身体が動かない。


どこかの骨を折ってしまったのか……。いや、痛みはない。だが、身体が動かない。腕も脚も、ピクリとも動かせない。意識ははっきりしているのに、意思が通っている気がしない。

（動かないんじゃなくて、身体がないんじゃないのか？　ちぎれて吹っ飛んだんじゃなかろうか？）

自分の身体にどんな異変が起こっているのか……。確かめられない。ジワジワと不安が湧き上がってくる。

「英治さ――――ん！」「大丈夫か！」という悲痛な叫び声とともに、トレーナーや共演者、スタッフ達が次々と駆け寄ってきた。大勢の叫び声が入り乱れ、現場が騒然となる。

こうして書くと長い時間が経過しているようにも思えるが、この時点で、恐らく事故の発生からたった数秒しか過ぎていない。

真っ先に口をついて出た言葉は、

「僕の足はありますか？」

だった。そしてみんなからの呼びかけに応えようとして、僕はひどく胸が苦しいことに気づいた。息苦しさはどんどん強まり、呼吸も徐々に荒くなっていく。

恐怖が押し寄せ、とっさに死を覚悟した。

実際に「死」をこれほどまで身近に感じたのはこの瞬間が初めてだった。

（俺は死ぬのか……）

両目から涙がこぼれ落ちるのがわかり、まぶたを閉じた。

必死の励まし

僕の側にはたくさんのスタッフが駆けつけたものの、身体に触れていいものなのか、動かしていいものかわかりかねる様子だった。結局、下手に動かすのは危険だという判断で、医療機関が到着するまで、僕をそのままの状態で絶対安静に保つこととなった。

とはいえ、事故が起きたのは山中で、119番へ通報してもすぐに救急車が来れるような場所ではない。容体は一刻を争うものと判断され、山梨の病院にドクターヘリを要請して救急搬送されることになった。

もちろん、その時、僕自身は目まぐるしく変わるこの状況がつかめていない。目を閉じたまま、ひたすら周囲のざわめきを感じながら時を過ごすだけだった。ついさっきまで元気にロードバイクを漕いでいた僕が、身動きできずに泥にまみれて横たわる姿は、居合わせた人達にとってもショッキングな光景だっただろう。

「しっかりしろ！」

そんな中、僕の頭の側に駆け寄り、膝をついて寄り添ってくれた一人のスタッフがいた。ファーストシーズンからこのドラマに携わってきた熱き男だ。既に覚悟を決めていたた僕は、彼に遺言を託そうとした。

不思議なことに、意外と冷静だった。

呼吸もままならない中で、意識はしっかりと保ち続け、頭の中を目まぐるしく動かしながら今言い残すことを探る。真っ先に両親への感謝の気持ちが呼び起こされた。

両目から涙がこぼれ落ちるのがわかり、誤魔化《ごまか》そうと、まぶたを閉じた。暗闇に両親の顔が浮かんだ。不肖の息子をここまで育て、好きな道を行くのを見守ってくれたことへの感謝。そして、十分に親孝行できないうちに、先に逝《い》ってしまう不幸を許してほしい。

「両親に、ありがとうと伝えてください」

それから、愛犬のパール。こうしている今も、東京のマンションの自室で、僕の帰りを寂しく待ちわびているはずだ。今朝、家を出る時はいつも通りに帰るつもりでいたから、予備のエサも水も置いてこなかった。

「誰か、パールを、パールを頼みます」

しかし、弱々しく懇願する僕を、彼は
「諦めるんじゃねぇ！」
と、叱りつける勢いで遮《さえぎ》った。おそらく、彼は僕の心が折れかかっていたことを感じとったんだろう。死の淵にいる僕を、必死でこちらに繋ぎ止めようと叫び続けてくれたのだ。

「絶対に大丈夫だ！」

「すぐに助けが来るからな！」

「弱気になるな！」

「おまえ、まだまだこれからだろう！」

ドクターヘリが現場へ到着するまで、30分近くはあっただろうか？　その間中、彼は、ひたすら前向きな言葉をかけ続けてくれた。

この時の彼の鬼気迫る声は、今でも耳に焼きついている。彼があの時、ああして真摯《しんし》に声をかけ続けてくれなかったら、気力が持たず、生きていられなかったんじゃないだろうかと思う。

病院へ

その後、ドクターヘリが到着し、救急隊員によってストレッチャーに乗せられ、搬送される一連の流れを、僕は妙に落ち着いて俯瞰《ふかん》して見るような感じで観察していた。ヘリコプターは一路、病院へと向かう。その間もずっとパールのことが心配でしょうがなく、現場のスタッフにも、病院の方にも、ずっとそればかり繰り返していた。

事故の知らせを聞いて真っ先に駆けつけてくれた事務所の社長が病院へ到着したのは、夕方近くのことだった。

状況もわからないまま、とにかく身を案じて急行したところ、病院で色々な人達から「滝川さんが『パールを頼む』と、とても気にしているんです」と聞かされ、驚いたという。急いで僕のバッグの中を確認して自宅のカギをマネージャーに託し、引っ越したばかりの都内の自宅へ向かわせる手配をしてくれた。おかげで、パールは無事に保護された。

病院へ搬送された結果、僕は一刻も早く手術すべきと判断された。だが、規約上、手術を行うには近親者の許諾がいる。事故のあった日、両親はたまたま国内旅行の真っ最中で、すぐには連絡がつかなかった。姉は結婚して都内に住んでおり、山梨まで移動するには時間がかかる。最初に病院に到着した関係者は所属事務所の社長だが、家族でなければ、手術の許可をすることは許されていない。一刻を争う状況の中、どうにか本人確認できた姉が急いで手続きを済ませてくれて、僕はいよいよ手術室に入った。

緊迫した空気の中で、僕はまだ現実を受け入れ難く、麻酔が徐々に効いてくるのを感じ

ながら、

(いやいや、結局、夢オチだろ⁉　この部屋も医者も看護師も嘘だ！　ほら、頬をつねって痛み感じなかったら夢っていうじゃん！　痛み……感じないし。気がついたら、本番前の舞台上のセット裏で寝てましたっていう悪い冗談なんだろ⁉　そうなんだろ⁉)

そう、願った。

麻酔のため薄れゆく意識の中、僕は、事故時に着ていた衣装のサイクルジャージを切断され、脱がされた。やむを得ない措置とはいえ、大切にしている愛着あるジャージがハサミで切られていく光景は、途切れそうになる意識の中でも僕にひどい苦痛をもたらした。

(嘘だろ……やめてくれ……これも冗談だろ……？)

このジャージは、エースゼッケン1が縫いつけられた、僕にとって〈誇り〉そのものだったのだ。それが形を失い、ただの布きれと化していく……。

まるで僕自身がバラバラにされていくかのような感覚の中で、意識を失った。

目覚め

目が覚めたら、僕はICU(集中治療室)にいた。僕の願いは通じなかった。

手術は、4～5時間に及んだ。

ベッドに寝かされ、身体にはいくつものチューブが取り付けられている。

（そうか、夢じゃないのか。撮影、ロードバイク、事故……生きてる）

何の痛みも感じない。何の痛みも感じない。心の中にも何も感じなかった。

しかし、事故の直後に感じていた息苦しさは、相変わらず残っていた。呼吸も浅かった。周囲では、ざわざわと人の気配と話し声がする。

僕の裸眼視力は0.1程度なので、いつもはコンタクトレンズをつけている。それが手術のために外されてしまったから、周りの様子がちっともわからない。話し声に耳を澄ませた。しばらくすると、ようやくあたりにいるのが見知った人達だとわかってきた。姉夫婦、叔父叔母、いとこ達、事務所の社長、制作スタッフ達……。たくさんの人達が病院へ駆けつけてくれていた。人々の顔の輪郭はぼんやりしていて、どんな表情をしてるのかもよくわからなかった。

とりあえず手術は成功し、ひとまず命の危機を脱したことは告げられた。

皆が悲惨な事故を悲しみ、そして命が助かった奇跡を喜んでくれている。そうして僕を取り囲み、我が事のように心配してくれるたくさんの人達を目の当たりにして、自然と心にある思いが浮かんだ。

（とんでもないことをしてしまった……）

「事の重大さ」と「申し訳なさ」

スタッフがここにいるということは、撮影は中止、現場は解散になってしまったのだろう。あと少しですべてのシーンが撮了するところだったのに……。たくさんの人達に迷惑をかけてしまった。とてつもないことをしてしまった。

こんな事態になってしまって、ドラマの撮影はどうなるのだろうか。僕の出演シーンも、まだ撮り終えていない。多くの人達が関わり、必死に作り上げてきた作品は、撮影中止や延期になってしまうのだろうか。

いや、それだけではない。出演が発表されている舞台、既に受けている他の仕事はどうなる。僕の胸に息苦しさとともに、申し訳なさや不安が渦巻いていく。

「本当に申し訳ありません。撮影はどうなりました？」

必死に振り絞って出た言葉は、ただそれだけだった。ここにいる人達だって、当然、先々のことを危惧しているだろう。しかし、今はひたすら身体を案じてくれているのだ。それを考えれば、僕は無理にでも明るく振る舞わなければならないと思った。

しかし、待ち受ける現実は、ひどく残酷だった。

脊髄損傷とその後遺症

手術直後、医師から診断結果が告げられた。

『脊髄損傷《せきずいそんしょう》』

「なんやねん、それ……」

「俺の身体、どうなんねん！」

思わず漏れた関西弁。心の動揺と偽らざる本音。こんなことが自分の身に降りかかるなんて、思ってもみなかった。僕の身体に起きた異状を受け入れることなんて、簡単にはできなかった。ベッドから一歩も動けないまま、ひたすら泣いた。失われた身体、未来、それらを考えると、後から後から涙があふれて止まらなかった。９９９年分泣いた……。

２０１７年９月15日に、僕の身体に起こったことは、次の通りだ。

人体には、頭と骨盤までを繋ぐ骨が連結した「脊椎《せきつい》」がある。この中を通り、脳から全身への指令を繋ぐ神経が集まっているのが「脊髄」だ。「腕を振る」「足を前に踏み出す」といった動作は、この神経によって司られている。

ここが衝撃を受けて損傷すると、そこから下の部位へ脳からの指令が届かなくなるため、筋肉が麻痺したり、感覚がなくなったり、様々な障害が出る。最悪の場合、命を落とすこともある。損傷箇所が脳に近い上部であるほど、障害の程度は重くなるのが一般的だ。

僕は事故により、頸椎《けいつい》（首の部分）の中にある〈頸髄《けいずい》〉の一部を損傷した。その結果、首から下がほぼ動かない状態になった。感覚もない。体幹がきかないため、姿勢を保つことも難しい。自力で身体を立て直すことができない。

身体を動かせないだけではない。血圧を維持することも難しいため、起立性低血圧が起こり、めまいや吐き気、頭痛が起こる。

体温の調節がしにくく、一度発熱すると、40度近い高熱が数日間続くこともある。朝方は特に灼熱《しゃくねつ》の熱さを感じる。ベッドに横たわっている間、うまく寝返りを打てないので、身体が圧迫されてしまうのだ。まるで１０００度の鉄板で焼かれているかのようだ。

やがて日が経つにつれて、身体のあちこちにしびれや痛みが出るようになった。特に寒い時期になると、「痙性対麻痺《けいせいついまひ》」という筋肉の突っ張りが起きやすくなる。また、事故直後から感じていた呼吸のしづらさは、手術の後もなくなることはなかった。

自律神経の障害だから、感情が激しく揺さぶられると喜怒哀楽のメーターが上がり、呼吸困難になる。だから、自分でなるべく感情をフラットにしてコントロールする必要がある。俳優の商売道具の一つ、感情が自分を苦しめる原因になるとは、全く皮肉なものだ。

不幸中の幸いにも、頭や顔はほとんど傷ついてはいなかった。ロードバイクを運転するなら当然のことだが、サイクリングヘルメットを被っていたおかげだ。そのため、脳への損傷を防ぐことができたのだ。

しかし、この後間もなく、俳優にとって大切な商売道具のもう一つを失うこととなる。

原因不明

後に警察により、事故現場で念入りに検証が行われたものの、事故の直接的な原因を突き止めることは難しかった。

地面の舗装が荒れていたわけでも、小石などの障害物があったわけでもない。その日使ったロードバイクは、完璧に整備されていたし、何度もコース確認の練習をしていた。僕のコンディションも良好で、撮影状況にも問題はなかった。制作会社も出演者も、万全を期して撮影に臨んでいた。

現場には、スリップの跡やブレーキ痕《こん》などは残っていなかったという。僕自身、落車するその瞬間まで、何の異常も感じなかった。

最終的に、そう結論づけられた。

「原因不明」

しかし、僕は……

(何度も練習した？　何度も？)

(どうしてもっと自分が納得するまで、何度も何度も……何度も！　練習しなかったのか！)

(心のどこかに隙《すき》があったんじゃないか！)

(もっと何かできることがあったんじゃないか！)

(原因不明？)

いや、

「原因は僕だ」

誰のせい、何かのせいでもない、あの日あそこにいた僕の心の弱さと甘さ……。その程度の自分だったわけだし、その程度の生き方しかしてこなかった結果なんだと受け止めている。

人生はすべて自分の選択の結果であり、その責任は自分にある。誰かに強制されたわけではない。

すべて自分が背負うものだ。だから、自分が生きてきた道に、今さら後悔なんてしない。過去の道の悔しさは、これから先の道で晴らせばいい。

神様は僕にまだ生きるチャンスをくれた。人生を取り戻す時間をくれた。

そして僕は、あの一瞬の事故の後の、とてつもなく長い「その先」を生きる覚悟を決めた。

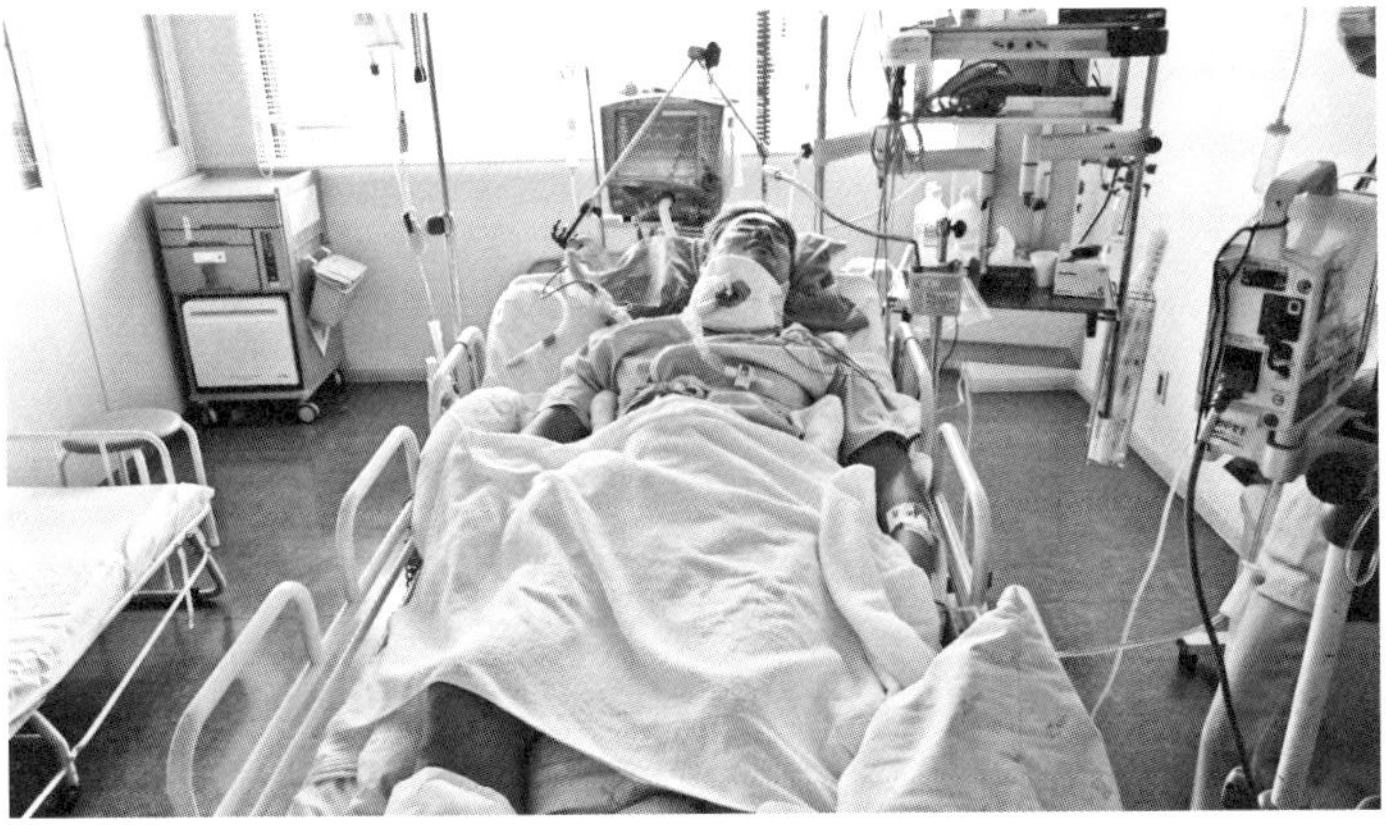

ドクターヘリで緊急搬送された山梨の病院で手術をし、入院している時の一枚。この時は、自分の身体に起きたことを受け止めるのに必死で、たくさん泣いた。この写真を後にブログで公開するには、勇気が必要だった。

滝川さんとの付き合いは驚きの連続

アーティスト・俳優

KIMERU

キメル／表現力豊かな歌唱力でアニメ主題歌も多数担当するアーティストであり、舞台で抜群の存在感を放つ俳優でもある。言葉は辛口ながらも、人と人とを繋ぐ抜群のコミュニケーション力で人望も厚い。ミュージカル『テニスの王子様』初代青学・不二周助役として役者デビュー、代表作に『家庭教師ヒットマンREBORN!』the STAGEシリーズや舞台「おそ松さんon STAGE」シリーズなどがある。

事故の前までは「大嫌い」だった

正直に言って、僕は滝川さんのことが「大嫌い!」でした(笑)。「オレが前に出る!」ってぐいぐい行く性格だし、舞台の上でもとにかく自由で、稽古や打ち合わせの段取りと全く違うことを本番でいきなりやったりする。自分のひらめきや感性を大事にする、こだわりの強い職人タイプ。だから、カリスマ性を感じつつも、内心「今、ここで、それをやるの!?」って驚かされることがしばしばありました。

といっても、決して仲が悪いわけではないんです。ミュージカル『テニスの王子様』の初代メンバーの中では、僕が滝川さんと他のメンバーとの繋《つな》ぎ役となって、みんなで食事に行ったりもしていました。

それ以降も、ふたりのトークイベントを行うなど、共演する機会はありましたね。僕が「さっきの、打ち合わせと違うよ!」と怒っても、「でも、こっちのほうがおもしろくなったでしょ」と飄々《ひょうひょう》としてる。いいものを作り上げたいという意志が固く、打たれ強いんですね。だから僕も遠慮なく、言いたいことは言うようにしています。

事故を知り、滝川さんの容体とともに、一緒に出演する予定だったライブミュージカル「SHOW BY ROCK!!」のことも心配しました。上演中止になることが、滝川さんにとって最も辛く、悲しいことではないかと思ったんです。それで、『テニミュ』の初代メンバーで強い信頼関係にある郷本直也さんを説得しました。「滝川さんと全く関わりのない人が代役をやったら、滝川さんもお客様もどう思う? 郷本さんがやるのがいちばんいいんじゃない?」と。急なことで、代役をやるのは大変だったでしょうが、滝川さんに安心してもらえる結果になったと思います。

「パワースポット」と「緊急ボタン」

事故後に初めて面会が許されたときは、まだ詳細がわからなくて、少し緊張感はありました。でも、病室の扉をノックすると「おう」と声が返ってきて、その声に精力を感じたし、中に入ったら寝てる状態じゃなくて上半身を起こしていたので、「ああ、大丈夫だ」と安心しました。もっと厳しい状態を想像していたんです。だけど、僕たちが入ったら滝川さんが嗚咽《おえつ》して。3分もないくらいのほんの短い時間でしたが、そんな姿は初めて見ました。これまでプライベートな話をすることはほぼなかった滝川さんが、家族への想いや闘病生活の辛さなどを、堰《せき》を切ったように話してくれたんです。自由奔放に見えた滝川さんの、ご家族への愛情の深さや忍耐強さが垣間見えて、これまでと違う一面を知りました。

その後、見舞いを重ねるごとに、今までとは違う〝滝川英治〟に驚かされています。自分の理想とする形をひとりで追求するタイプだったのが、「一緒にやろう」とみんなで手を携えていく姿勢に変わりました。決して「オレの代わりにおまえたちが頑張ってくれ」じゃなくて、「オレはこれをやりたいから、手伝ってほしい」と、いい意味での〝自己中心〟〝我がまま〟に。前々からアツい男ではあったけれど、今はとてもいい熱苦しさを放っています(笑)。周りのことがよく見えているし、周囲への感謝とともにより強く、より一歩前へ進もうとしている。その姿は、事故前よりもカッコいいとすら感じます。

僕にとって、滝川さんは〝パワースポット〟みたいな存在。「支えてる」「悩みを聞いてる」なんて感じではありません。キラキラと輝いている滝川さんを見て話を聞けば、僕も勇気をもらえるから、僕が会いたいから、会いに行くだけです。長い付き合いの中で、「好き嫌い」を超えて、〝ご縁〟としか呼びようのないものを感じています。

逆に、滝川さんにとっての僕は〝緊急ボタン〟みたいなものじゃないかな。普段からベッタリ付き合うわけじゃないけれど、何か行動を起こしたくなったり、悩みが生まれたり、愚痴《ぐち》を吐き出したくなったりした時に、「会いたい、話したい」と思える存在だと感じてくれているんじゃないでしょうか。僕はいくらでも話を聞きますし、滝川さんには何も心配せずに、自分のやりたいことだけを考えてほしい。これからもずっと、前を向いていてほしいですね。

第三歩

嬉しい決断、辛い決断

絶対に放送してください！

事故により、僕を巡る状況は一変した。

中でも早急に決断しなければならない問題が、放送中のドラマ『弱虫ペダル Season2』についいて。既に放送は開始されており、残りの回をどうするのかが問題だった。

というのは、こういったアクシデントが起こると、しばしばその作品がお蔵入りになることがあるからだ。次の放送も迫っていた。

ドラマの主要関係者の多くが、病院の別室に集まって協議することになった。事故が発生して3日目のことだ。制作会社は、僕の意向を確認し、最大限尊重してくれる姿勢でいた。つまり、放送打ち切りも視野に入れるということだ。事務所の社長は、話し合いの内容を僕の枕元で説明してくれた。僕はベッドに横たわった状態で、それを聞いた。

「滝川の思うようにしてほしい。本心を聞かせて。放送、どうしたい？」

そう訊《き》かれて、間髪容れずに答えた。

「絶対に放送してください。ファンが待ってる」

声を出すのもままならない中、僕はわずかに、しかし必死に目で懇願した。

あの時、放送をやめてもらう選択肢は、全くなかった。事故に遭った瞬間から、僕は「申し訳ない」気持ちでいた。

それは、撮影が予定通りに完了しなかったり、こうして作品の放送自体が危ぶまれる事態になったりということに対してはもちろんだが、何よりも僕の演じる役柄に対してだ。僕は、他でもない〈福富寿一〉を演じていたのだ。ドラマでは2作品、舞台では5作品にわたり、ずっと演じ続けてきた僕にとって、彼との出会いは運命だったと思っている。

元来僕は、出演作品や演じる役柄から学ぶことが多いのだが、『弱虫ペダル』の原作を読んだ時、福富を見て真っ先に「俺じゃん！」と直感した。

彼はチームのキャプテンとして、実力的にも精神的にも柱のような存在だ。一方で、自分の過去や弱さを払拭《ふっしょく》するべくライバルと自分との勝負を、今を必死に闘っている。福富から感じる強さと、奥底にある確かな人間臭さに、僕は自分に通じるものを感じたのだ。そもそも顔も似ているし（笑）。

人生のロード〈道〉を走るこの作品の奥深さは漫画の域を超えていた。僕は事故に遭って福富という男をより理解できたような気がする。

ドラマを楽しみに観てくれるファンの中には、僕に福富のイメージを重ね合わせている方も多いだろう。僕自身、福富のイメージを壊してはならないと肝に銘じ、使命感を持って演じてきたつもりだった。

しかし、その僕が、〈福富〉が、事故に遭い、大怪我を負ってしまった。そのことにショックを受けた人もたくさんいるはずだ。原作を、福富を愛する方々に対して、ただただ申し訳なく思う。

そして、出演者や協力してくれたたくさんのエキストラの方々、ドラマを陰から支える大勢のスタッフ、応援してくださる方々、皆の想いの詰まったこの作品が、この事故を理由に封印されてしまうなんて、絶対に許されないことだ。だから、何としても、放送してほしい。みんなで魂を注ぎ込み作り上げた熱い男たちの闘いを、観てくれる方の元へ、最後まで届けてほしい。そう願った。

僕の希望はすぐに各方面の関係者へ伝えられ、ドラマは無事、最終回まで継続して放送されることが決定した。

同じ日、所属する「えりオフィス」からの「ご報告」として、初めて事故や怪我の内容（脊髄損傷であること）についての公式な発表が行われた。

その中に、このような一文がある。

「なお、滝川英治出演中のドラマ『弱虫ペダル Season2』の放送については、滝川本人とご家族の意思を確認・尊重の上、予定通り放送を行います。」

少しでも早く、心配しているファンに安心してほしい。その一心で、この一文を入れてもらうようにしたのだ。

そうして僕達の〝魂〟は予定通り、12月までに全13回を視聴者に届けきり、好評のうちに終了した。

この息苦しさを止めるには

「つけるべきか、つけざるべきか……」

事故の翌日、僕は、病院の一室で葛藤していた。

事故の直後から、呼吸がままならない。胸の息苦しさは、手術の後も少しずつ強まっている気さえする。

(苦しい……)

息を吸って、吐く。誰もが毎秒当たり前にしている、生きるための動作がしにくいということは、身体の不便はもちろん、心に与えるダメージも大きい。睡眠中に呼吸が止まったらという恐怖で、おちおち安心して眠ることもできない。それを解消するための方法として、人工呼吸器の助けを借りるという手がある。気管を切開して人工呼吸器のチューブを埋め込むことで、肺に酸素を送り込み、呼吸を人工的にコントロールすることができるのだ。

メリットは、呼吸がラクになること。今の僕にとっての最大の希望だ。しかし同時に、代償も大きい。気管を切開するため、しゃべることができなくなる。言葉によるコミュニケーションがとれなくなってしまうのだ。いつまで呼吸器をつけ続けることになるかも、まだ予想できない。もしかしたら、状態によっては一生外せなくなるかもしれない。

(俳優の商売道具の一つである、《声》を……失う?)

メリット・デメリットともに、今後にとって大きな影響がある。すぐには踏み切れなかった。

病院からの提案に、「両親が明日到着します。僕の言葉で話がしたい。1日待ってください」と悩みつつも返事をしたのだった。

手術後、それまでは麻酔をかけて眠らされている状態だったが、その夜は初めて麻酔の助けなしで眠ることになった。

相変わらず胸は苦しく、呼吸は浅く荒かった。本当に、この状態で寝れるのか。このまま目を閉じたら、もう二度と目覚めることはないのではないかという恐怖にとらわれる。

深夜、ＩＣＵには僕しかいない。身体に取り付けられた計測器から転送されるデータが、モニターに数値で表示される。

（心拍数が70を切るまでは平気だって言われたけど……。もう72だぞ、大丈夫か？　あ、また下がった）

刻一刻と変わる心拍計や血圧計の数値と、耳元で聞こえる何の音かもわからない「ピッ！　ピッ！　ピッ！」という機械音が、不安をかき立てる。呼吸はどんどん弱まり、ロウソクの炎が消えるようにいずれ止まってしまうのではないかという恐怖にかられ、孤独を感じてたまらなかった。

目を閉じると、今までの人生が走馬灯のように蘇ってきた。僕は今までお世話になった方々の顔を浮かべ、順々に感謝を伝えていった。

（父さん、母さん、姉さん、義兄さん、パール、親戚、友達、事務所のみんな、仕事でお世話になった人達……）

そうしてるうちに、深い眠りについた。

まず、頭の中に自分の遺影が浮かび上がってきた。

かと思うと次に、僕はひとり薄暗い駅のホームに佇んでいた。どうしてこんなところにいるのかといぶかりながらも、ホームに入ってきた電車に吸い込まれるようにして乗る。車内はどことなく気味の悪さを感じる。乗客も、皆うつむきかげんで表情は暗い。居心地の悪さを感じつつもそのまま乗っていると、やがて次の駅で停車した。

座っていた女性がスッと立ち上がり、降りようとする。その顔を見て、ギョッとした。白目の部分がなく、目のすべてが真っ黒だったからだ。何故かその人を降ろしてはならない気になり、腕を掴《つか》もうとした。しかし、ものすごい力で振り払われ、女性は降りていってしまった。電車はすぐに出発し、また次の駅で、今度は一人の男性が降りようとした。やはり、風貌は同じだ。再び肩を掴んで止めようとしたが、またしても振り払われた。何としてでも、この電車から人を降ろしてはいけない。理由《わけ》もわからないまま、とにかくその思いだけで3つ目の駅を迎えた。そこでもやはり男性が一人降りようとし、止めようとする僕と小競り合いになった。

「降りるな、大変なことになるぞ！」

「……」

そう叫んでも、男は無言で僕を押しのけようとする。信じられないほどのパワーだ。

「戻ってこい！」

大柄な僕の身体はいともたやすく吹っ飛ばされ、頭をぶつけた。


そこで目が覚めた。朝だった。

夢……？

（なんだったんだ、あれは……）


生きてる……。

一つだけ、それが確かな事実だった。


すると、ベッドの側ですすり泣く声がした。そちらをうかがうと、母親の姿があった。

隣には父が寄り添っている。

ここで僕は、事故後、ようやく両親と再会することができたのだった。

母の涙は、深淵に臨む僕の綱を引っ張り戻してくれた。

何かが吹っ切れた。

（生きなきゃいけない）

「父さん、母さん、申し訳ない」

「母さん、俺はもう大丈夫だから」

「笑おう」

そして事故後初めて、笑った。


僕は、泣き疲れた心に、必死に虹をかけようとあがいていた。そして、朝の眩《まばゆ》い陽光に照らされた部屋で、一筋の《光》が見えた。

事故後、久しく感じたことのない穏やかな気持ちを取り戻したのだ。


そして、決断した。

「つけよう、人工呼吸器を」

この息苦しさが解消されなければ、前には進めない。一歩ずつ、前へと進まなければならない。

僕の気管は切開され、チューブが挿入された。この数日間ずっと苦しめられていた息苦しさは取り除かれた。

それと同時に、俳優の最も大事な商売道具の一つ、声を失った。

伝えたい

声を出せなくなった僕に必須のアイテムが、枕元に置かれたひらがな50音表だ。これは「あ」から「ん」までひらがなが順番に並べられたボードで、声でコミュニケーションをとれない時に使用するものだ。相手にボードを持ってもらい、「あ」から順に指し示してもらう。目当ての文字まで来たら、瞬《まばた》きをしてそれを伝える。1文字ずつ繰り返していくことで、意志ある言葉を紡ぐことができるのだ。


それを使い、僕は母に伝えた。

「わ」「ら」「お」「う」

「笑おう」。何度もそう〝言った〟。

「奇跡を起こす」「パラリンピックに関わる」「本を書く」「僕の人生の映画化」「歩く」……。次々と思いつくまま、前向きな言葉を並べた。

何の根拠もない。けれど、僕は前に進む覚悟ができた、母や周りの人達にもそれをわかってほしい。共に歩いてほしい。

今の状況は、不幸でも何でもない。今の僕だからこそできることが、起こせる奇跡が、きっとある。だから、「笑おう」ぜ！


泣きながら……、それでも、母は……笑ってくれた。

伝わらない！

人工呼吸器をつけたことで呼吸はラクになったものの、意思の疎通を図るのはかなり大変だった。50音表を使って会話するのは、ボードの文字を一つずつ指し示す相手にとっても、目線で追い続け、タイミングを合わせて瞬きする僕にとっても、お互いに非常に忍耐のいる作業だ。

姉はすぐに慣れて、「ありがとう」一つ言うのも、2つ目の「り」あたりですぐに「ありがとうって言いたいのね」などと状況を察して残りを推測してくれるからラクだった。

だが、母などはそうもいかないようで、最後の文字まで言わせようとする。

（「ありがと」……まで来たらもう最後の「う」はショートカットでええやん！）

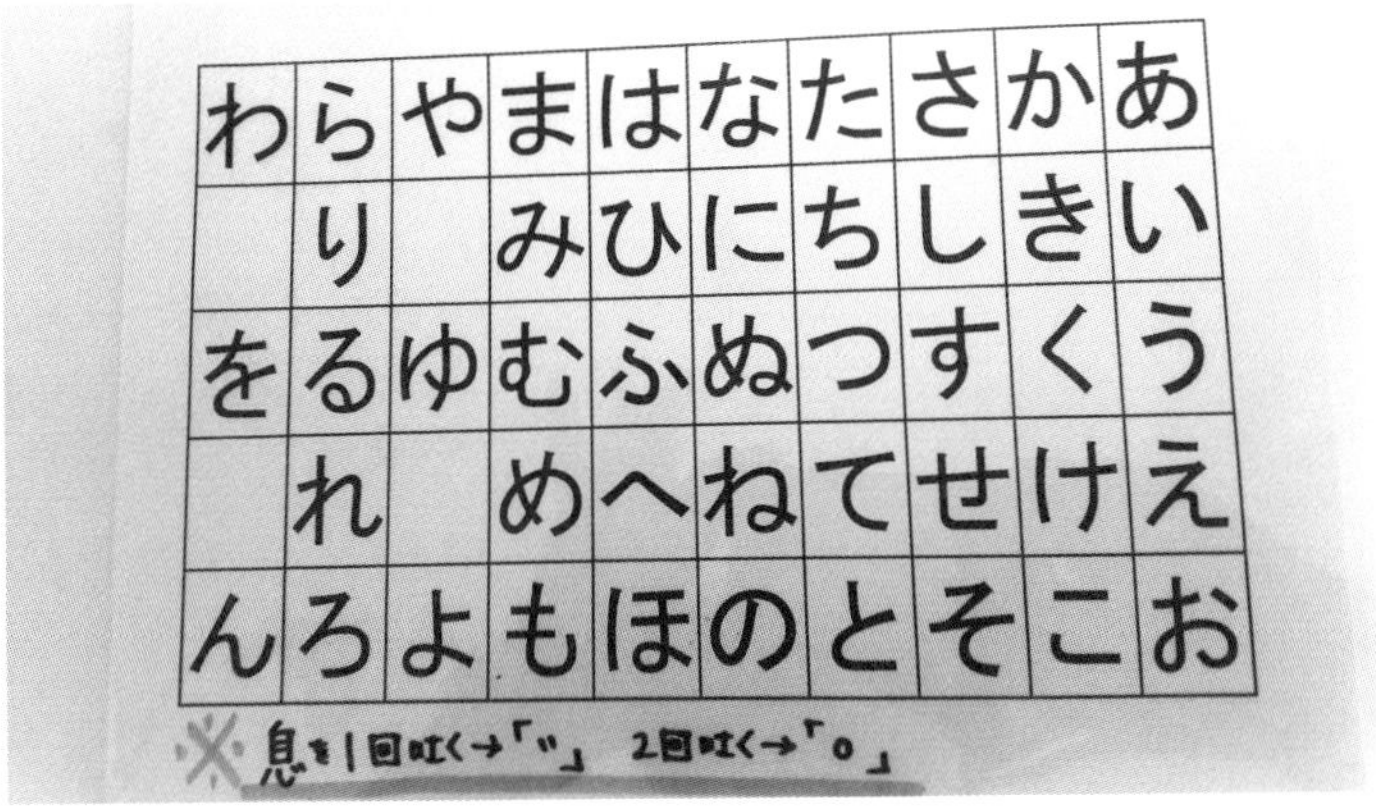

白い紙に印刷された50音表。母親や姉が必死に握ってくれていたんだろう、1ヶ月もしたら黒くくすんでいた。

といって、推測したら推測したで、「笑顔」と伝えたくて1文字ずつ「え」、「が」まで行くと、母は「えが……わ？　江川さん！」と自信たっぷりに脈絡のない単語を言い放つ。

（いやいやいや！　その前に「笑おう」って言ってるし、流れで次に来るのは「笑顔」だなって推測できるでしょ！　そもそもこの状況で〝江川卓〟さんの話題出すわけないでしょ！）

　と心の中でツッコみまくるも、現実には「ち」「が」「う」！　と声に出すことすらできない。

　姉は状況に関連する言葉を推測

し、それがほぼ当たる。

母は状況に関連なく言葉を推測し、それがほぼ当たらない。

母本人はあくまで真面目にやっているのだが、その言動は下手な芸人さんのボケよりも凄い。なんでやねん！

とまあ、母の聞き慣れた声は、病室を明るくしてくれたが、なかなか真意の伝わらないもどかしさに、時にはイラつくこともあった。今まではほんの数秒で伝えられたひと言に、こんなにも時間と手間がかかってしまう。コミュニケーションをスムーズにとれないということが、これほどストレスを感じるものだったとは知らなかった。途中で、（もういいや！）と、目を閉じてしまうこともあった。

この50音表を使っていた2ヶ月程の間は、皮肉にもある意味で息苦しい期間だった。

鼓舞

そんな辛い時期に心の支えとなったのは、ファンの方々からの励ましだ。

事故の一報があった直後から、事務所にはファンレターやお花、千羽鶴などのお見舞いの品が全国からたくさん寄せられた。

スタッフがこまめに届けてくれるそれらをテーブルに広げてもらい、僕は一枚一枚じっくりと読んだ。

「負けずに頑張って下さい」

「帰ってくる日を、ずっと待っています」

「私も同じ障がいがありますが、お互いに頑張りましょう」

ひとつひとつの言葉に、温かい思いがこもっていた。


ベッドから離れられない僕にとって、もう一つ、ファンの方々との繋がりを感じられたのがブログだ。

事故から3ヶ月ほど経って、ようやくスマートフォンを開く気持ちになった。事故後、たくさんの人達がコメントを寄せてくれていた。

僕自身による更新は、事故の前日で止まっていた。奇しくも、前日の記事のタイトルは、〈足がパンパンです〉。その日の撮影の感想や、放送予定について、翌日からの運命の急変をみじんも感じさせない陽気さで書かれている。事故の3日後に事務所からのお知らせが転載された以外は沈黙していたブログに、ファンの方々がこんなにも思いを寄せてくれていた。

その事実は、僕の心を強く励ましてくれた。

人は根本的に弱さを抱えている、けれど一人じゃない。何か一つ、ちょっとしたきっかけや心の支えがあれば、弱さを強さに変えることができる。それが生きる糧になる。家族、友人、恋人、夢、希望、仕事、趣味、ペット、推しメン、ファンの方々……。もちろんアニメのキャラクターだっていい。

事故当初、僕は自分の身体を叩き起こす前に、まず、自分の心を奮い起こすことに必死だった。たくさんの方々が、お手紙やブログのコメントで、「あなたは強い！」と書いてくれた。その思いに応えるべく、何度も自分を鼓舞した、「俺は強い！」と。

すると、次の一歩を踏み出す力が湧いてきたんだ。

「皆様ご無沙汰しております。」

自分のブログに寄せられたコメントや、共演者達が思いを綴《つづ》ったブログを読むうちに、ある意欲が湧いてきた。

それは、「今の自分を発信したい」という願望。

事故以来、ベッドの上でいろんなことを考えた。ＩＣＵで安静にしている時から、絶望や恐怖に混乱する頭の片隅で、「今のこの感情を記憶しておくべきだ」と一筋の冷静さがあった。

俳優は全身全霊で演じている時でも、同時に必ず俯瞰《ふかん》して自分の姿を客観視しているものだ。僕はプライベートでさえ、常にもう一人の「滝川英治」として己を見ている。その、いわば〈ディレクター滝川〉とでもいうべき存在が、「どんな経験もプラスに変えろ」「いつかこの経験が芝居に役立つ」「この感情を無駄にするな、この怪我には意味がある」と貪欲に告げていた。これは役者の職業病だ。

だから、日々の記録や思いついたこと、その一瞬の感情を忘れないように、家族や看護師さんにお願いしてメモしてもらっていた。

12月ぐらいになって、口にタッチペンをくわえてスマホの画面を操作することで、ようやく自分で記録ができるようになった。

それで、いよいよブログの更新を再開しようと考えたのだ。ブログの記事を書くことは、筋道を立てて考えたり悩んだりするから脳にもいい刺激になる。今の僕にとっては、すべてがリハビリに結びついている。

しかし、当初、家族は反対していた。世界へ向けて発信すれば、そこには必ず反響がある。それは必ずしも好意的な声だとは限らない。僕が傷つくことを、家族は何より心配していた。また、俳優が撮影中に遭った事故ということで、確かにたくさんの人が気にかけてくれ、サポートしてくれている。そうした、ある種、恵まれた環境を公にすることで、複雑な思いを抱く人もいるかもしれない。何かを犠牲にすることだってあるかもしれない。かなりの決意と覚悟が要った。

それでも、僕は……僕の〝口〟で伝えたい。

「心配かけて申し訳ございません」

せめてこの言葉だけでも。

そして12月8日、事故後、初めて自分の言葉で綴ったブログを公開した。

「皆様ご無沙汰しております。」

脊髄損傷という診断を受け、リハビリに励んでいることを報告し、これからも見守ってほしいことを綴った。ブログはネットニュースでも取り上げられ、コメント欄には励ましの声があふれた。

「お帰りなさい」

「ブログ更新、ありがとうございます」

どれも温かさの伝わるものばかりだった。

コメントを書き込んでくれた方には、以前からのファンも、ニュースで初めて僕を知った人もいた。同じように脊髄損傷を負った人や病気や怪我と闘っている人、その身内の方による勇気ある書き込みもたくさん頂いた。

僕は一人ではない、世の中にはこんなにもたくさんの〈仲間〉がいる。それを感じられただけでも、再びブログを書き始めた意味があったと思う。


そうしてブログを続けていると、僕が「諦めない」「前へ進む」などと発信したときに、共感の声に交じって、「現実を見たほうがいい」「どうせずっと車イス生活なんだから諦めろ」といった反応が返ってくることもある。

そんなことは、僕も馬鹿じゃないからわかってるつもりだ。現実を受け入れた上で言い続けてるんだ。

ただ、僕の発信が、良くも悪くもさまざまな波紋を呼ぶことも理解している。相手がどう感じるか受け取るか、それはわからないし、自由だし、その人が感じた思いはその人にとっての正解だろう。

姉や母の反対を押し切り、伝えることを選択した僕には、そんないろんな人達の思いも受け止める責任と覚悟が必要だと思う。だからこそ、皆の思いを背負っていかなければならない。諦めずに今の自分にできることを探すことこそ、自分が前に進む推進力になると信じている。

ドラマ『弱虫ペダル Season2』の最終回が放送されたのは、ブログを再開して2週間後のことだ。僕はさっそく、番組の告知をした。僕達出演者・スタッフが一丸となって、魂を込めた僕達のプライドだ。それに、ファンの中には、「悲しい事故のきっかけになったと思うと、辛くてドラマを観れなくなってしまった」という声もあった。僕にとって、それは何より悲しく、辛いことだ。

どうか、あの世界を楽しんでほしいと願った。そのために僕にできることが、ブログで気持ちを届けることだった。

最終回当日、僕は、思いを託した熱い男のぶつかり合いの結末を心の中で祈りながら、病室でテレビのモニターを見つめていた。

ベッドの上で、みんなと一緒にゴールできたような気がした。

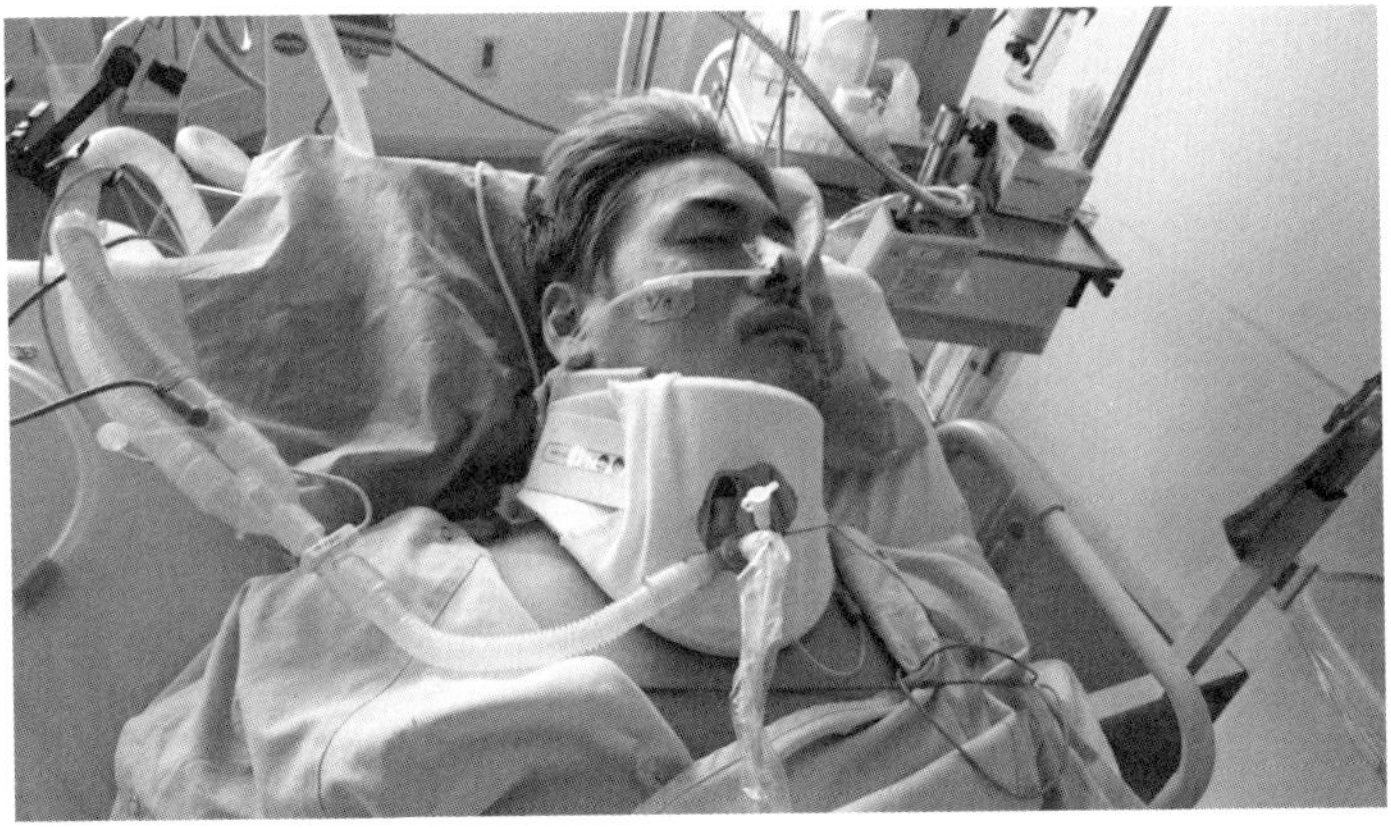

気管切開直後にICUで撮影された一枚。怪我をした頃は、役のために金髪だった。

滝川英治は決して裏切らない男

俳優
森山栄治

モリヤマエイジ／テンポの良いコミカルな演技と、ダンスや殺陣のしなやかさ・切れに定評があり、舞台、映像、声優と幅広く活躍。男性4人組演劇ユニット*pnish*（パニッシュ）の副リーダー。

「Wエイジ」の熱い絆

ミュージカル『テニスの王子様』で共演して以来、滝川さんのほうが僕より年下だけれど、役柄（部長・手塚国光役）からとって、僕はずっと「部長」と呼んでいます。初対面で「デカいな！」「手塚そのものだ」と感じた部長は、舞台で誰より前へ出ようという意欲があるので、自然と共演者も前へ出ようとなる。舞台に活気をもたらす存在です。

部長は自らの演技プランがしっかりあるから、現場で周囲とぶつかることも多いけど、不思議と僕とはウマが合いますね。共演した機会を振り返っても、口論や喧嘩をした記憶はほとんどありません。ふたりとも名前が同じだから、「Wエイジ」ってコンビを組もうかなんて盛り上がったこともあったな（笑）。

部長は役作りや演出へのこだわりが強いですが、それは決して「自分をよく見せたい」という欲からじゃないんです。常に「観客を楽しませることがいちばん。そのためならオレはいくらでも嫌われるし、どれだけ怒られてもかまわない」と覚悟を決めているんですよね。

そんな部長の、作品と向き合う姿勢の自由さが、僕は好きですね。だから部長が稽古場で共演者たちと議論になったりした後は、一緒に飲みに行って「あの案、いいんじゃない？　やってみたら」と彼の背中を押すことも、何度もありました。

部長は器用じゃないかもしれないけど、「決して裏切らない男」。芸能界で逆の人間はいくらでもいますが、部長のようにまっすぐな男は少ない。彼に裏切られたと感じたことは、一度もありません。

そして共に歩む未来へ

事故後、宝くじやぬいぐるみなどを差し入れに買い込んで、KIMERUさんや郷本直也さんと連れ立ってお見舞いに行きました。お互いに軽くあいさつした後、部長が急に涙を流してね。それまでずっと会えなかったし、その間たくさんのことを経験したのだろうし、その間に溜まった思いが一気にあふれたんだと思います。その姿を見て、僕も思わず目が潤みそうになりました。

けれど、言葉を選んだり、遠慮したりする気持ちが働いたのはほんのわずかな間で、その後いろいろ話すうちに、すでに部長は事故の〝その後〟を生きていて、前に上に進んでいると感じたんです。むしろ僕達のほうが、事故にとらわれてそこから先へ進めていないんじゃないかとさえ思いました。「部長がこれだけ頑張っているんだから、オレ達だって前を向かなくちゃ」って。それで、障がいのことを特別視しないようになったんです。

部長には、「これまでと全く同じように俳優や声優をするのは難しいと思う。だけど、演出や執筆などクリエイティブな活動を行うことはできるよ」と話し、スケッチブックを差し入れました。「口で絵筆をくわえて、絵を描いてみたら?」って。5ページごとに「まずは5P　よく描けたな」とかコメントをつけて、最後のページに書いたメッセージは「おめでとう、これでおまえも立派な画家だ!」。

後日、部屋を訪れたとき、絵を描いたスケッチブックを、嬉しそうに見せてくれました。

事故の後は、「こんなことをやりたいんだ」「企画書を作ったんだけど読んでくれる?」などの相談をしてくれます。「ツイッターを始めたいけど、周囲に反対されているんだ」と聞いた時は、「たしかにツイッターへの反応は、好意的なものばかりじゃない。その内容をどう受け止め判断するかは、部長しだいだ。自分が乗り越えられると思えるなら、やってみたら」と伝えました。

部長は自分の障がいと向き合い、受け容れて、障がいがあることをプラスに変えようと新しいチャレンジを始めている。その姿に、また一歩成長したんだなと感じました。部長には、このままどこまでも〝オレ流〟を貫いて進んでほしい。僕は部長のやりたいことを否定することは、基本、ありません。大人の事情なんて関係ない。本人がやりたいなら、僕はまたきっとその背中を押します。だって、彼は今までもこれからも、決して裏切ることのない男ですからね。

第四歩

過酷なリハビリの日々

ブログでの告白

２０１７年の12月にブログを再開したものの、当初、事故後の容体について詳しくは明らかにしていなかった。書くことといえば、リハビリを頑張るという決意や仕事復帰への思いなど、内なる心情が中心。しかし、僕自身、徐々に違和感を覚え始めていた。

「頑張ります」

「前向きに」

いずれも、本心から出た言葉だ。だが、「今の僕がどんな状態なのか」という核心に迫らずして、これらの言葉は本当に説得力を持ち得るのだろうか。

記事を更新するたびに、たくさんの反応がある。同じように脊髄損傷による障害がある方やそのご家族からの、率直で重みのあるコメントもいただいた。そうして怪我や病気で困難を抱える人達と「一緒に頑張ろう」と決心し、その交流の場となったブログで、「具体的な容体」を知らせずに曖昧にしている……。そのことが、時が経つにつれ、重く心にのしかかるようになった。

僕の胸には、事故後に父親からもらった言葉が響いていた。

「英治は、人に勇気づけられる人じゃない。人を勇気づけられる人だ」

もし僕にそんな魔法の力があるのなら、その可能性があるのなら、やはり現実を明らかにして、楽しさや痛みや苦しみさえも共有し、その上で手を取り合うべきじゃないか。

しかし、家族からはまたしても猛反対を受けた。それを告白することで僕が傷つく結果になるのではないか、負担がかかることになるのではないかと心配していたのだ。

家族の気遣いはもちろん理解できたし、有り難かった。けれど、今の僕は応援してくれる方々に隠しだてせず、その上でリハビリを頑張りたい。綺麗事では済まない脊髄損傷の今の現実を伝え、それでも前を向くためにできることを発信したい。

そして2018年2月25日に、「今の気持ち」と題して、今の自分の状態をつまびらかにすることを宣言した。

さらに3月3日、「ゼロからスタート!」という記事で、脊髄損傷による後遺症の詳細を記した。

身体を起こすだけで血圧が60以下に下がり、ひどいめまいがすること(起立性低血圧)。頭痛や頻繁な高熱に苦しめられていること。ブログは口にタッチペンをくわえ、文字入力していること。

だが同時に、事故の1ヶ月後、左手首がわずかに動き始めたこと、徐々に左腕の感覚が戻りつつあること、右腕の筋肉にも反応が起こり始めたこと、人工呼吸器を外せたことも事細かく報告した。

そうしてブログに書くことで、僕の中で今まで以上に一体感を得られ、〝一緒に〟前を向けている気がした。また、手術直後のICUで治療されている写真も掲載した（P53の写真）。人工呼吸器を取り付けられ、身体のあちこちを医療機器に繋がれた姿をとらえた写真だ。安堵してくれる人もいるだろうし、厳しい現状に悲しむ人、離れていってしまう人もいるかもしれない。でも、僕は覚悟を決めたのだ。

反響は凄まじかった。事故前は1日1000〜2000程度だったブログへのアクセス数は、その日だけで220万以上になった。

たくさんのコメントもいただいた。中には、同じように怪我や病気による障がいがある人から、僕の現状を踏まえた上での励ましや情報提供もたくさんあった。初めて耳にするような難病と闘っている方もいて、改めて困難とともに生きている人やそのご家族の多さを知った。

そんな方々とブログを通じて繋がれたことは、奇跡としか思えない。共に分かち合い、励まし合い、そして誓い合った、「絶対に勝ちましょう！」と。

ようやくここがゼロからのスタートだった。

スマホ画面の向こうで支えてくれる人達の後押しで、僕はようやく未来へ発進することができた。

ひたすら、リハビリの日々

リハビリを開始してから数ヶ月後、もう一歩踏み込んだリハビリを行うこととなった。「自発呼吸をしやすくするためのリハビリ」「車イスに乗れるようになるために血圧を安定させるリハビリ」といったものだ。それらに基づき始まったリハビリは、僕の一日を占める重要な日課となった。

最初はまず、感覚の残っている左腕のリハビリから始めた。これは左腕にポータブルスプリングバランサー（PSB）と言われる装具を取り付けて行う。バネの張力を利用し腕の重みを軽減して、わずかな力で腕を動かすしくみだ。

自分の腕がとにかく重い。約5キロ程度のはずだが、体感では30キロ以上だ。まるで小さな子ども一人を抱えているような重みを感じる。輪投げのフープを持ち上げ、横に置いたスタンドに移すのも一苦労だ。

日常動作を当たり前にできることが、どれほど幸せなことだったか、今更ながらに思い知らされる。時折、両腕が後ろ手に縛られているような、どこにあるのかもわからない感覚に陥ることがある。その度に、看護師に自分の腕がどこにあるか、確認した。もちろん両脇についているのだけれど、目で確かめないとわからないのだ。

下半身の感覚は、全くの「無」。僕の足がどこにあるかもわからず、朝、起き抜けに「ベッドの下に下半身が潜り込んでしまっている」と錯覚するほどだ。

そこでティルトテーブルという台に横たわり、徐々に角度をつけていくことで、下肢に刺激を与え、立つ感覚を呼び起こさせる訓練を行う。しかし、少し角度を上げただけですぐに起立性低血圧となり、気が遠のいていくような感覚に襲われる。だが、これを続けていけば、起立性低血圧の予防にもなる。

残された機能を鍛え、衰えるのを防ぐために行う理学療法では、マット上で理学療法士のサポートを受けつつ、ストレッチを行っていく。少しでも可動域を広げたい……昨日よりも遠くまで腕を伸ばしたい……。気持ちは逸《はや》るが、リミットを超えた瞬間、凄まじい痛みが襲ってくる。大の男が、毎回、うめき声を上げてしまうほどの苦痛だ。

つい、「チクショー!」と自分へのいら立ちが口を突いて出るときもある。ただ、昨日の自分より前へ前へ。「たとえ999回失敗しても1000回目で成功すればいいんだ」と信じて、リハビリに励む。普段から自主トレと称して、病室のベッド上でゴムチューブを使って腕の筋トレやストレッチをしたり、車イスに乗れるようになってからは1.5キロの重りを左手首に巻きつけ、廊下で左腕1本で漕《こ》ぐ練習をしたりと、地道に努力を続けていた。

この時期、僕はドラマの制作会社に連絡をとり、「今の自分にカメラを向けてほしい」と依頼した。その結果、密着ドキュメンタリー『滝川英治〜それでも、前へ』が制作されることになり、リハビリの様子をテレビカメラが追うことになった。

ありがとう 〜「感謝」

２０１８年３月24日、僕は39歳の誕生日を病室で迎えた。

この年の元日に、マジックペンを口にくわえて、ラッキーカラーの黄色の用紙に「書初め」をした。そこにしたためた言葉を、ブログの新しいタイトルにした。

《感謝》

これは、周囲の方々へ感謝を忘れないようにと書いたわけではない。そんなもの、いつだって忘れるはずがない。

僕は昔から、人に自分の弱い部分を見せるのが苦手だ。たとえ平気ではなくても、つい「大丈夫」と軽く言ってしまう。負けず嫌いといえばそうなのかもしれないが、誰かの助けを借りるのが、極端に不得手なのだ。それは、事故に遭ってからも変わらない。

身体の内側では、尋常でない痛みや痺れと戦っていても、いらぬプライドのせいで、水を1杯頼むにもためらうし、何かをしてもらう度に、何か申し訳なく思い、口癖のように「すみません」と言ってしまう。

顔を掻《か》いてもらって、「すみません」。鼻水を拭《ふ》いてもらって、「すみません」。髪の毛を払ってもらって、「すみません」。

看護師さんには、「悪いことしてないんだから謝らなくていいよ」と言われる。ナースコールは息を吹きかけるタイプだったが、気兼ねなく看護師を呼べるようになるまでには、入院してからかなりの日数が必要だった。

家族を前にすると、さらに心配をかけまいと「大丈夫、大丈夫!」と意地を張ってしまう。何かしてもらう度に「ごめん!」という気持ちになり、どんどん自分を追い込み、下を向いてしまいそうだった。そのせいで、自律神経が乱れて過呼吸を引き起こす。

そんな後ろ向きな自分を消し去りたかった。だから、自分が前向きな気持ちを維持できるように、「すみません」を「ありがとう」に転換しよう。

《感謝》

この言葉の中には、しっかりと《心から謝る》ことも刻まれている。

こうして気持ちを切り替えたことで、これまで以上に人の優しさに触れた時に、素直に感謝できるようになった。

外出した際、たまたま居合わせた方が水筒をとって飲ませてくれた。

横断歩道を渡る時、車道の車が車イスが渡るのを待ってくれた。

暑い夏の日、温度調節が難しい身体を必死にうちわで扇いでくれた。

車イス上でバランスを崩し、上半身が前に倒れそうになった時に支えてくれた。

あらゆる場面で、多くの親切に出会う。過去の、人に弱みを見せまいと必死に気を張っていた僕なら、決してこの温かさを知ることはなかっただろう。

失ったからこそ、育《はぐく》めたものがある。

「ありがとう」

小さな一歩は大きな一歩

過酷なリハビリを継続できるのは、わずかずつでも成果が見られるからだ。

ティルトテーブルでの訓練も、数ヶ月続けたことで、ほぼ直立に近い角度で数分間姿勢を保っていても、血圧が下がりにくくなった。

車イスにも、今は長時間乗り続けられる。介護タクシーにも乗れるようになって、行動範囲が一気に広がった。人と話してもすぐ疲弊していたが、今では笑い疲れるほど話し続けられる。心肺機能も着実に向上している。

感覚のなかった下半身も、「動け！　動け！　届け！　届け！」と意識を集中させると、足湯に浸《つ》かっているかのような温かさや電流が流れるようなビリビリとした感覚を感じるようになった。人間の身体って不思議だ。

それを逃すまいと、毎日、イメージトレーニングと実際に口に出すことを欠かさず続けていた。これを5分続けるだけで、10キロ走ったくらいの息切れを起こす。

そして、事故から1年以上経った頃、何と、左足の親指がかすかに反応するようになってきたのだ。切れそうな希望の糸が、かすかに、しかし確かに繋がっていると実感した瞬間だった。

10万人以上いるとされる脊髄損傷患者……。その後遺症からの回復具合は、その人の体力や損傷部位、リハビリの内容など、人によって差がある。だから、僕のやり方がすべての人に効果があるとか、この先どの程度回復するといった話はできない。

でも、まだ医学で解明されていない部分はたくさんあるし、必ずしも医師の宣告通りになるとも限らない。何より僕自身、生きるか死ぬかの淵からここまで這《は》い上がってきたわけだから、リハビリの重要性も感じている。諦めず、コツコツと続けていくつもりだ。自分の身体の、無限の可能性を信じて……。

病院での出会い

手術を受けた山梨の総合病院で1ヶ月ほど過ごし、容体が安定したタイミングで一旦東京都内の病院へ移った後、リハビリ病院へ入院した。

1日のリハビリは3〜4時間。リハビリをメインとしている病院だけあって、老若男女問わず、障がいと闘う大勢の患者を目の当たりにした。僕は、顔見知りになった他の患者さん達と、積極的にコミュニケーションをとるようにしていた。同じように困難の中にある人達と「頑張ろう」と言い合うのは、何より励みになった。

リハビリ病院には、様々な方がいた。四肢を切断する事故に遭いながら、常に朗らかな笑顔で接してくれた方。父と同じくらいの年齢で、絶望的な表情で車イスを転がしていたけれど、歩けるまでに回復するにつれて輝くような笑顔を見せた方もいた。その方の奥さんがとても明るくて、一旦話し出すと止まらず、たくさんの元気をもらっていた。僕のことはニュースで知っていたらしいのに、最後まで「滝沢さん」と呼んでいた(笑)。

辛さや苦しみの度合いも、それに対応する力も人それぞれだ。人と比較するものでもない。どう捉えるか、そしてそれをどう克服していくか。テストの点数が悪くても、失恋しても、仕事で怒られても……。その辛さも苦しみも、誰かと比べる必要はない。昨日より少し前向きになったとか、昨日の自分に少しでも勝てればよいのだ。

高齢のおばあさんとは、廊下でよく顔を合わせた。おばあさんは義足をつけていたが、その仕草からは一見、そうとはわからない。それほど使いこなすまでに、一体どれほどの努力をしたことだろうか。黙々と歩行練習に励む姿は刺激でもあり、また苦労を気取らせない柔和な物腰は癒しでもあった。

互いに〝自主トレ〟に励む仲間として僕を認めてくれていたのだろうか、退院する時に手紙をくださった。そこには、「いつもあなたと廊下で会うのが楽しみでした。あなたはまだまだ若いし、たくさんの可能性がある。あなたの笑顔には、人を幸せにする力がありますます。早く表に出て、活躍してくださいね」と書いてくださっていた。

この手紙は今でも時折読み返し、励みにしている。

小さな女の子との出会いもあった。小学3年生の少女は、脊髄損傷による後遺症のため、呼吸器をつけていた。常にご両親のどちらかが付き添っていて、いつも実に明るく楽しげだ。一欠片《かけら》のネガティブさも見せない彼女が、僕には眩《まぶ》しく感じられた。同じ脊髄損傷を負っているということで、看護師さんが僕達を引き合わせてくれ、僕は彼女の病室へ通うようになった。彼女は最初ははにかんでいたが、徐々に心を開いてくれて、〝おはなし〟をしてくれるようになった。

そして、彼女の退院の日がやってきた。彼女の方から僕の病室に挨拶に来てくれた。笑顔で、「また会おうな」と約束した。

《同志》がドンドン退院していくのは、取り残されるような気がして寂しい一方、「僕も早く外の世界へ飛び出したい」という意欲をかき立ててくれる。みなそれぞれ、「滝川さんも頑張って退院してね」と笑顔を残して去っていく。そのアグレッシブな足音は、病室にいても聞こえる気がした。普通に生活していたら、自分の親ぐらいの世代の方や、子どもぐらいの年齢の子と気持ちを分かち合う機会など、そうそうないだろう。その意味でも、事故は不思議な縁を結んでくれた。同じような境遇にある方々と話すだけでもパワーをもらえる。一緒に手を繋ぎ、前を向いて進みたい。

その女の子と初めて話した日の夜、僕は小さな小さなファイターとお友達になれたことが嬉しくて、母親に報告した。しかし、その交流は、母にとっては不思議に思えたようだ。自分のリハビリだけでいっぱいなはずなのに、他人の病室まで行って励ますなんて、それも看護師の紹介でということで、複雑な思いに駆られたらしい。

「何で看護師さんはそんなことしたの？」

「どうして英治がそこまでしなければならないの？」

「そんな小さな子、向こうはプラスになるかもしれないけど、あなたにとってプラスはある？」

と問われ、僕は

「看護師さんは好意で紹介してくれたんだよ。俺が望んだことだ！　俺だって、同じような境遇の人が頑張っている姿を見れば、さらにやる気が出るからね。そこに性別や年齢なんて関係ないよ。何でその子が俺にとってプラスにならないと決めつけるの？　母さんは何もわかってない！」

と言い放った。すると、ぽつりと、

「英治は変わってしまった。昔のあなたではなくなってしまった」

と呟いた。

この言葉は、僕の心に深く突き刺さった。胸をえぐられる思いがした。悲しかった。母に言われたことについてじゃない。母にそう思わせてしまったことが悲しかったのだ。

(昔の俺？　……)

確かに僕は事故に遭ったことで環境が激変し、そのために考え方も以前とは大きく変わってきている。物事の見方が変わったし、あえて違った角度から見ようとしている部分もある。障がい者や困難に立ち向かっている方々の視点で考えるようになったことは確かだ。だが、自分でも気がつかない心の変化を親だからこそ気づき、指摘してくれたんだろう。

僕は、自分を見つめ直し、一晩冷静に考えていた。

(母さんはわかってない……？)

(そりゃ、母さんにはわかるはずもないわな)

僕と母は、いまや置かれた世界が違う。食い違うのは当たり前だ。

《どん底に叩きつけられた者》と

《どん底に叩きつけられた者を介護する者》

僕自身はブログや病院でいろんな人と出会い、一緒に頑張る強さを肌で味わってきた。しかし、見守る母にとっては、僕が心配で僕が最優先で、いつまでも「息子の英治」なのだ。そこに障がいの有無は関係ない。親というものはそういうものだ。親は、子どものためなら鬼にもなり得るものだから。そこまで思ってくれるのも、世界でたった一人の母親しかいないのだ。

母は、事故による僕の変化そのものが、これまでの僕らしさがなくなるようで寂しかったのかもしれない。

チーム

いつも、ブログで「〈フォロワー〉ではなくて〈チーム〉」なんだと言っているけれど、それは
T akigawa
E iji
=イコールな絆（同じ意志を持ち、手を繋ぐ）
A ccompany（一緒に歩く）

M ate（仲間）
TE=AM
という意味だ。「頑張ってね」「はい、頑張ります」ではなく、「一緒に頑張ろう」という気持ちを分かち合いたい。僕は〝一緒に〟という言葉に、何度も救われた。言うなれば、みんなが同じ手を繋いだチームメイトだ。
もちろん、常に前向きな気持ちをキープできるわけではない。言い知れぬ不安に襲われる時もある。心が弱っている、と自覚するほどに。そんな時、一緒にという言葉が、一人一人にどれだけの力を与えてくれることか。
「一人じゃない」と思える時、人はたくさんの誰かと心で手を繋いでいる。もちろん、責任と覚悟を伴わなければ言えない言葉でもある。人生を精一杯生きる責任と覚悟だ。
主治医の先生の、「私もチームの一員なんですよ」という言葉は、不安定になった心に安心感をもたらしてくれた。「そうだ、僕は一人じゃない」そう思えることは、本当に心強い。退院の見送り時、深夜でも病室で親身になって相談に乗ってくれた看護師さんから「これからも一緒に頑張りましょうね！」と声をかけてもらった。
「頑張ってね」ではなく「一緒に」という言葉には、意表を突かれた。退院したから終わり、ではなく、ずっと見守ってくれると示してくれたことは、旅立つ僕にとって何よりのはなむけとなった。

病院を出ると、外には雲ひとつない青空が広がっていた。

不意に昔、大切に想っていた人からの手紙にあった言葉を思い出した。

「自分を大切にできない人は、人なんて大切にできないよ」

この1年、この言葉が何度脳裏に蘇ったことだろう。

これまで自分を大事にできていたのか、自分のことを理解できていたのか。

入院の日々は、肉体だけではなく、精神的にも自分を見つめ直し、理解し直す過程だったのだ。

まず自分を労《いたわ》ることもできない人間が、他人を労ることなんてできるはずもない。

だから僕は、晴れた空に向かい、自分を思いきり褒《ほ》めた。

「ここまでよく頑張ったな、オレ!」「決して諦めなかったから、ここまで来れた。ありがとう!」

声はすぐに、空の青さに吸い込まれていった。

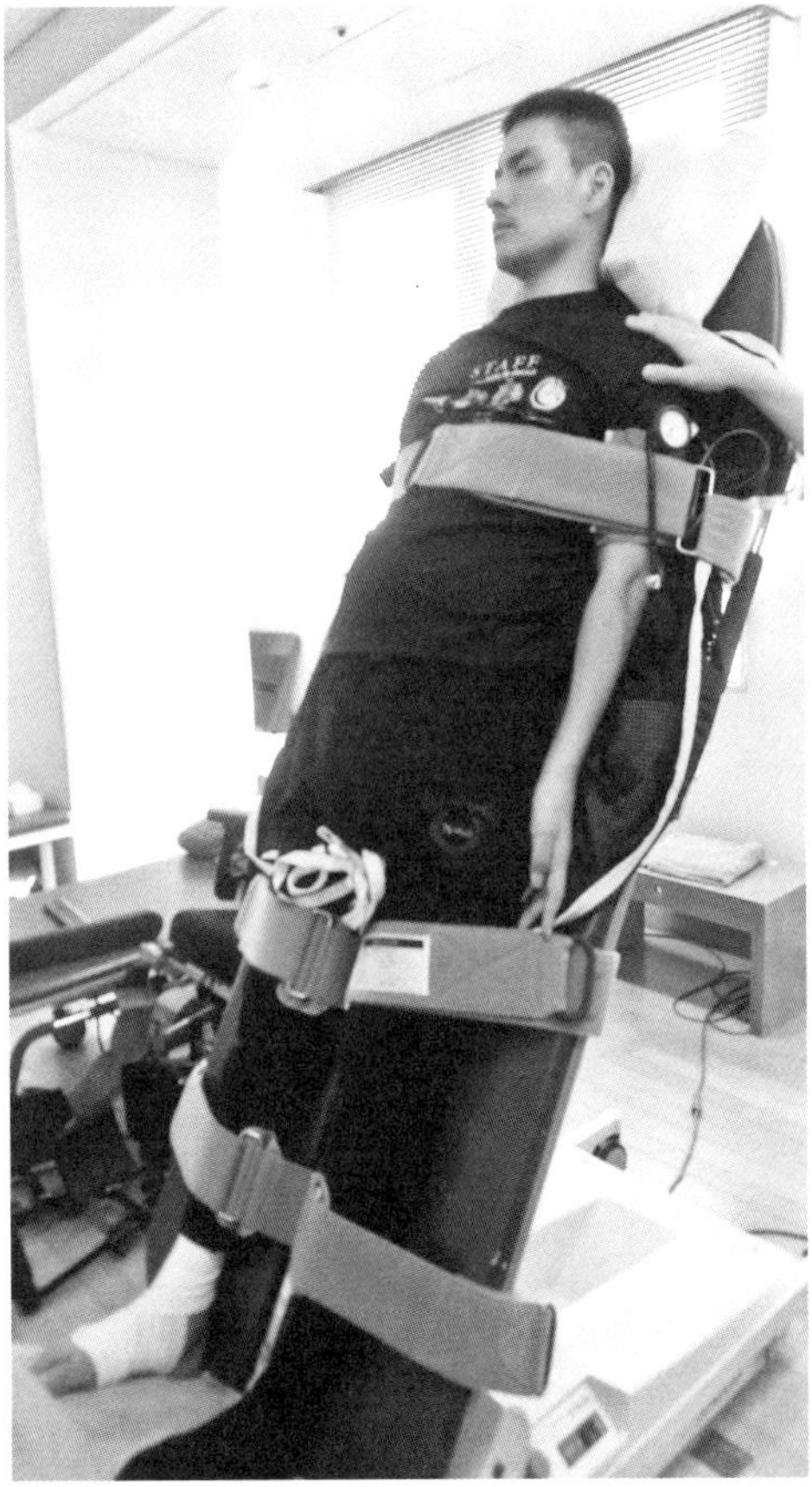

リハビリに励んだ結果、ティルトテーブルで70度まで上体を起こしても、血圧が安定するまでに。リハビリ中に母親が撮影してくれた。

英治さんの生き様が持つ影響力

俳優
植田圭輔

ウエダケイスケ／「ジュノン・スーパーボーイ・コンテスト」でファイナリストとなり、俳優としてデビュー。『おそ松さん on STAGE』シリーズ、舞台『文豪ストレイドッグス』シリーズなどの人気舞台で活躍するほか、最近は映画やテレビドラマにも出演。アーティスト活動も行っており、ミニアルバム『voice of..』に滝川英治作詞の「age～新しい時代へ」を収録。

持ちつ持たれつなふたり

出会いは英治さんの主演舞台で、僕はまだ10代でした。関係性の深い役柄で、演技のすり合わせなどをしていく中で「あ、この人、ちょっと天然なんだな」って気づいて（笑）。そこからいじらせていただいて、英治さんもいじられにきて、自然と持ちつ持たれつな関係になっていきました。

中でも『弱虫ペダル』は舞台でもドラマでも共演して、僕らにとっては本当に青春そのもの。英治さん演じる福富寿一は、僕が演じる真波が所属する箱学チームの絶対的なキャプテンで、とても信頼できる男。そして英治さん自身も「芝居をこういうふうにしていこう」といったすり合わせで、年下のメンバーの意見をすんなり取り入れてくれたりと、まさにキャプテンとしてチームをまとめ上げていったんです。

事故の当日は、朝から一緒にスタンバイして、ロケ地でも話をしていました。僕が先に撮影を終えて「明日も頑張りましょうね」と現場を出て、その後ニュースで事故の第一報を知りました。僕ら共演者にも、状況がしっかり確認をとれてから説明するということだったので、発生からしばらくの間、詳しいことがわからなかったんです。

でも、「ドラマの放送を本人が強く望んだ」と伝え聞いて、改めて英治さんの強さを感じました。福富は自分の弱さからライバルを落車させてしまった過去を持ち、自分のエゴからくる人間的な弱さを克服して乗り越えようともがく役で、でも、前へ前へと進む推進力がある。そこが英治さんと重なる部分があるように思えたんです。

僕は「愛くるしいパワーバカ」という英治さんの魅力が大好きで、お見舞いに行くまで「この人からどうかパワーを取り上げないでください」とずっと祈っていました。再会した瞬間は、やっぱり胸が締めつけられる思いがしましたが、しっかり僕の目を見て話してくれたことが嬉しかったのを覚えてます。僕が描いた英治さんの似顔絵でTシャツを作って、それを手土産に持っていったんですが、「何やねん、これ(笑)。俺、こんなブサイクじゃないだろ」とか言いつつも、あとでテレビ番組に出たときに着てくれてたり、Tシャツのことを話してくれてたりして、あのTシャツが少しでも活力になってくれてたらいいなと思います。

新しい時代へと背中を押してくれる

僕は自分のオリジナル曲は自分自身で作詞してきたんですが、アルバム『voice of..』の最後の一曲を制作する時、誰の人生を背負い、誰の言葉を届けたいかと考え、その瞬間英治さんの顔が思い浮かびました。ただ、英治さんを利用しているように受け取られたり、それによって英治さんを傷つけたりするようなことになるのは嫌で、オファーするまではとても悩みました。

それでもやっぱり、彼に詞を書いてほしい、彼の言葉を歌いたいと思えたので、事務所の社長さんを通じて本人にお願いしました。曲はいくつかの候補の中から、英治さんの好きなバラード調の曲を選びました。

そして頂いた歌詞を見たときは、本人には内緒にしていましたが、涙が止まりませんでした。英治さんの感じた景色や匂いなのかな？　前を向く英治さんらしさも情緒もあって……言葉の重みに、いろいろなことを想像させられるし、考えさせられました。レコーディング中は号泣してしまって、ライブなどで歌う時も泣かないようにこらえるのが毎回キツイほど。英治さんが書いてくれた歌詞だと知っているお客さんも多く、聴きながら涙を流す方もたくさんいらっしゃいます。

完成した曲『age～新しい時代へ』の入ったCDを事務所にお送りした報告とともに、「本当に素敵な詞をありがとうございます」というお礼と、「この曲を一生背負って歌わせていただきます」という決意をLINEで伝えました。英治さんは普段と変わらない調子で、「あー、よかった、よかったー」みたいな反応を返してくれましたね(笑)。

英治さんの綴るブログや言葉にすごく影響を受けたり、背中を押してもらっている仲間はたくさんいます。仕事や人生、生や死と向き合うということがどういうことなのか、今まで一緒に戦ってきた仲間である英治さんの事故がなかったら、僕らは今この瞬間だけにしか目がいかず、深くは考えていなかったと思うんです。人生はきっと前向きな時だけじゃないというのもわかっているし、それでも言葉や文章として語る時は、常に前向きな英治さんの生き様に勇気づけられている。それはこれからも変わらないでしょうね。まあでも、正直言えば、いつまでも手のかかる先輩でいてほしいなという思いもあるんですけどね(笑)。

第五歩

たくさんの「おかげ」に包まれて

滝川ファミリー

事故で自由の利かなくなった僕を一番近くで支えてくれたのは、何と言っても家族だ。豪放磊落《らいらく》な父は、一見ぶっきらぼうだが、いつも僕のやりたいことを尊重してくれた。退院が決まった時、母は大阪の実家に帰ってくるよう言ったが、僕は一人暮らしを望んだ。実家へ戻って家族に負担をかけてしまうのが忍びなかったし、東京でやりたいこともあった。そして、何より居心地のよい環境に甘えてしまう自分が目に見えていた。共倒れは避けなければならない。心配する母に対し、父は「英治がやりたいなら、やったらいい」と口添えしてくれた。

そして、「いつでも大阪に戻ってきていいんだからね」と言う母を前に、父は、「その代わり二度と大阪に帰ってくるな」と突き放した。不器用で、それでいて大きな父だ。

母は繊細で、ちょっと天然なところがある、愛すべきキャラクターだ。何気なく発するひと言に、気が抜けてリラックスできることもある。事故の直後や退院前後は、長時間付き添って介護してくれた。腰やひざの痛みをこらえて、何度も大阪と東京を往復してくれた。愛犬のパールを実家に引き取り、世話してくれているのも母だ。疲れが溜まっているだろうに、僕といる時は気丈に明るく振る舞ってくれる。

そして、3歳年上の頼れる姉。小さい頃はずっと一緒にいて、僕はいつも姉の後ろをついて歩いていた。

事故の直後、最初に連絡のついた肉親である姉は、動揺をこらえて病院の様々な手続きをしてくれた。義兄も仕事で忙しい合間を縫って、見舞ってくれる。独身の僕にとって、2人の姪・甥は、可愛くてたまらない癒しの存在だ。子育てや家事、仕事をこなしながら、僕の面倒を見てくれる姉には頭が上がらない。

もともと仲のいい滝川一家だが、こうして事故をきっかけに家族全員がさらに団結し、絆を確認することができた。一番近くにいてくれる家族は、一番の理解者であることは間違いない。だからこそ、時には激しくぶつかることもある。

家族との衝突

「私は、反対！」

姉が、意志の強さを感じさせる声で、きっぱりと告げた。一度こうと決めたらなかなか意志を曲げない人なのだ。

「俺は、やりたい！」

僕も一歩も引かない。家族の間に、緊張が張り詰める。

こういう場面が幾度もあった。ブログを再開する時、障がいの状態を公表する時、ドキュメンタリーを制作しようとなった時、リハビリに関して、退院後の生活、パラスポーツ番組のMCのオファーが来た時……。事ある度にぶつかった。

父は「英治の望むように」というスタンスだったが、姉と母は、それらについて反対の立場だった。でもそれは、いつも僕のことを第一に考え、守ろうとしてくれる証だ。その気持ちはわかっていたし、感謝していた。

「今、する必要があるの？」「もっと良くなってからでもいいじゃない。身体に負担がかかったらどうするの？」と、何度も説得された。

それでも、僕は
「良くなる？　良くなったってどの状態？　しかも、それは具体的にいつ？　後になって『あの時はこうだった』じゃなくて、今やること、動くこと、伝えることに意味があるんだ。今のこの状態でもやれることがあるんだ。今この瞬間を分かち合うことで今闘ってる人達と一つになれるんだよ。俺自身もそれが前を向く力になるんだ。だから〝今〟を大切にしたい。わかってほしい！」

2歳の頃、広島にて。3歳違いのしっかり者の姉は僕をとてもかわいがってくれ、僕もお姉ちゃんっ子だった。今も昔も姉がいつも背後にいてくれると思うと、安心できる。

と全く意志を曲げるつもりはなかった。

弟思いな姉だけに、僕が無理してでもブログ再開や仕事復帰にこだわっているように見えて痛ましく映ったのだろう。

「私たちはあなたの身体を第一に考えているし、あなたをサポートしたい。みんなで一つのチームにならなければならないのに、今、同じ方向を向いてない」と嘆き、顔を合わせない時期もあった。姉が何故そう言うのかは理解できた。ただ僕は、誰よりも自分の今の肉体と精神を理解しているつもりだった。自分が現状を打破するために、今、何が必要か。

姉と僕は、不器用で頑固なところがよく似ている。姉は今もたぶん、かたくなに僕のブログは読んでいないだろうし、ドキュメンタリーも観ていないだろう。しかし、誰よりも気にかけ、親身に心配してくれているのもまた姉なのだ。たとえ遠く離れていても、昔も今も、いつも僕の中に寄り添ってくれている。

ここまで己の意志を貫き通したからには、僕は、責任と覚悟を持って行動しなければならない。

従姉・滝川クリステルからの励まし

フリーアナウンサーとして多方面で活躍する滝川クリステルは、僕の従姉にあたる。僕と姉、クリステルとその弟でモデルのロランは、小さい頃から4人姉弟のように仲が良い。クリステルは事故の当日もすぐに病院に駆けつけてくれた。その後も多忙な中、時間を作っては見舞いに来てくれる。いつだって僕のために心を砕いてくれる、自慢の優しいお姉ちゃんだ。

といっても、彼女の「優しさ」は、イコール「甘やかす」ことでは決してない。

２０１８年12月、クリステルはフランスに対して功績のあった外国人に贈られる「フランス国家功労勲章」を受章した。その授章式に招待された僕は、正装に身を包み、隅にたたずんで見守っていた。

会場は、各界から彼女を祝う方々が集い、華やかな熱気に包まれていた。たくさんの方々から祝福されるクリステルは、輝くばかりに美しく、受章スピーチは胸を打つ感動的なものだった。

そして、彼女は続けて、壇上から列席者に向かって、僕を紹介してくれたのだ。

僕が俳優であり、事故で脊髄を損傷してキャリアを中断していること、現在必死にリハビリに励んでいること……。

そして、最後に、

「どうか皆様、彼の夢を一緒に応援してあげてください」

と、エールを送ってくれた。

その直後、会場全体から温かな拍手が湧き起こった。僕は思いがけないサプライズに、涙をこらえながら動かない左手に思いを込め、心の中でクリステルへ手を振っていた。

彼女はいつも、長い目で〝その先〟を見据えた上で、「今、英治のために何ができるか」

フランス大使館で撮った、クリステルの勲章授章式での滝川ファミリー。彼女は、会場にいる誰よりも光り輝いていた。いとこのクリステル・ロラン姉弟は、それぞれ忙しい合間を縫っては会いにきてくれる。

を考えてくれる。だからこそ、今回、このような形で、僕の肩を叩いたのだ。
（さあ、こうして各界の著名な方々に名を知られたのだから、自分の力で這い上がって輝きなさい！　あなたのことを、皆が見ているから！　英治ならできるよ！）

と。プレッシャーを与えるとともに、芸能界の荒波を潜り抜けてきた彼女ならではの、温かくも厳しい叱咤激励《しったげきれい》だ。

たしかに今の僕は、「事故に遭った人」「ただ怪我をした人」というだけで注目されている存在だ。しかし、ここからどのような自分になれるかは、今の、そしてこれからの僕次第。

クリステルの恩に報いないわけにはいかない。あの日、あの場に居合わせたことを未来に繋げていくことができるのか。

いつか、自分の力で事を切り拓き、胸を張って彼女と一緒に花を咲かせたい。新たな目標が芽生えた冬の夜だった。

クリステルは、その後、2019年8月に結婚した。明るい知らせを聞いて、自分のことのように嬉しかった。

幸せそうな笑顔を見ていると、この2年間の彼女が僕に尽くしてくれたことやかけてくれた言葉の数々が、思い出された。これから、新しい家族とともに笑顔がいっぱい溢れる家庭を築いていてほしい。

伝えたい、伝えられない

事故後、面会は家族やごくわずかな人達だけに限られていた。

事故から3ヶ月程経ち、ようやくスマホを開いた。メールやLINEをチェックしてみると、数百件もの未読メッセージが積み上がっていた。友人、役者仲間、仕事関係者……。皆、僕を案じて励ましてくれるものばかりだった。

怪我をする1週間前にGACKTさんのご自宅にお邪魔していたこともあり、真っ先にLINEをくれていたのが兄貴だった。

「ニュース見たぞ。大丈夫か？」と。

せっかくの心遣いに感謝しながらも、すぐに返事を打つことはできなかった。

当時はまだブログも再開していない時期だから、僕からリアクションのないことで、多くの方に大変な心配をかけてしまったのではないかと思う。改めて、お礼とお詫びを伝えたい。

そんな中でも、まず真っ先に連絡をとらなければならない相手がいた。俳優の郷本直也だ。直也とは2003年にミュージカル『テニスの王子様』で共演して以来、同世代で共に芝居を愛する者同士ということもあり、ずっと付き合いが続いていた。『弱虫ペダル』の舞台でもドラマでも、共にライバル関係の役柄で、数々のシーンを一緒に演じている。

そして事故の後、10月に出演予定だったライブ ミュージカル「SHOW BY ROCK!!」の代役を急遽《きゅうきょ》立てなければならなくなった時、引き受けてくれた恩人でもある。

謝罪と感謝を直接伝えたい……。そう思い、電話をかけた。

直也は電話のしばらく後に、テニミュ初代仲間である森山栄治、KlMERUとともに会いにきてくれた。この3人は、後に密着ドキュメンタリーにも出演してくれた。

この日、病室に入ってくる時はさすがに神妙な顔をしていたが、すぐにいつも通りにたわいのない会話が始まった。家族や病院のスタッフ以外と話すのは久しぶりだったから、僕もまだ少し呂律《ろれつ》が回っていなかったかもしれない。それでも彼らは僕の言葉を聞いてくれた。ざっくばらんな気安さで。

僕の病室で、コンビニで買ってきたものを飲み食いし、騒ぎすぎておそらくナースステーションまで笑い声が漏れてたんじゃないだろうか。その後、看護師さんから注意を受けたことは……書いておこう（笑）。ただ、さすがは舞台役者……彼らのよく通る声に、この時ばかりは嫉妬した。

でも今思えばそれこそ、あの3人なりに気を遣ってくれたんだと思う。そして名残惜しくも病室を去る時間が来た時は、晴れやかに笑っていた。

おかげで僕は心から笑い、心にくすぶっていたメランコリーも少しは小さくすることができた。真っ先に伝えたかったあいつに伝えることができた「ありがとう」。

僕は仕事で知り合った人に友だち感覚で接することはない。直也は「友だち」なんかじゃない。あいつだって、そう思っちゃいないだろう。そんな単純なものではない。言うなれば、「戦友」だ。性格も全く違うけれど、たった一つ共通しているのは「芝居が好き」

という熱い想い。だから、数々の作品で時には激しくぶつかりながら、互いに磨き合ってこられたのだ。

「いつか、また何か一緒にやろうな」

そう告げると、

「おう、またやろうぜ」

何でもないことのように、即座に答えてくれた。そういう男だ。

嫉妬と羨望

日が経つにつれ、病室には他にも様々な人たちが見舞いに訪れるようになった。

『弱虫ペダル』などでも共演し、かれこれ10年以上の付き合いになる俳優の植田圭輔は、僕の似顔絵をモチーフにしたTシャツを作ってくれた。10歳も年下の圭輔は、事故後ずっと、彼なりの形で励まし続けてくれている。その縁で、2019年の初夏には、アーティストでもある彼のCDアルバムの一曲について、作詞を手掛けさせてもらった。

歌うことを前提とした詞を書くのは初めてで、どんなテイストがいいのか、大いに迷った。圭輔のことは善い面も悪い面もわかってる。だから、彼のことを書くのがいいのか、自分のことを書いたらいいのか。事故に遭って入院しているからこそ逆に、ポップな曲にユーモアのある言葉をのせて、「英治さん、まだこんなバカなことやってんのか」ってツッコませるのもおもしろいよな。と、いろいろ想像を巡らせては楽しんでいた。

でも、実際に渡された曲のメロディーを聴くと、とても素敵なバラードで、これに笑いは必要ないと感じた。真面目にいこうと決めた。

内容は基本的に任せてくれたから、最終的には僕の今の思いを、素直で純粋な彼に託す形にした。新元号の令和になってすぐのタイミングでリリースされることもあり、何か壁にぶち当たって悩んでも、新しい時代が新しい場所がその先には待っているということを前向きに伝えたいと思った。

約1週間後の締め切りに向けて、作業は深夜にも及んだ。が、何かに没頭することは、それが生きがいのように感じられ、余計なことを忘れられる。こんな時こそ《生》を感じられる。今自分ができることは限られているけれど、その中で、彼がこういう機会を与えてくれたことに感謝している。

『age 〜新しい時代へ』

完成した曲は、想像を遥かに超えていた。

突然の訃報

感受性の強い圭輔は、僕の考えた詞を素直に受け取り、素直に歌ってくれた。その歌声はとても新鮮で、僕の胸にストレートに突き刺さった。出逢った頃はまだ少年だった彼が、いつのまにか立派な男になっていた。そういえば、共演した『弱虫ペダル』も、後輩役を演じる彼に同じように思いを託すという物語だった。

他にも、たくさんの個性豊かな芸能関係者達が次々とお見舞いに来てくれた。皆それぞれ忙しい合間を縫って、こうして僕のために時間を使ってくれるのは、本当に有り難い。思えば芝居の現場は、皆で一つのゴールに向かって一緒に突っ走っていくチームのようなもの。その絆を折々に感じられることは、僕にとって活力の源だ。一方で、ネットの情報やテレビでバリバリ活躍してる仲間の姿を目にすると、応援する気持ちと同時に、正直羨ましさや嫉妬も感じた。「おまえも早く戻ってこい！」と、ハッパをかけられているようだ。それは僕にとって、他では得られないカンフル剤となった。

（俺もやっぱり芝居がしたい！　待ってろよ！）

「その日」は、何の前触れもなくやってきた。いよいよ退院し、マンションでの一人暮らしが始まり、僕は新生活への期待に胸を膨らませていた。母も大阪から上京し、細々とした準備や手配をしてくれていた。

せわしなく立ち働く母のもとへ、一本の電話が入った。叔母からだった。大阪の実家を守る父が倒れた、という知らせだった。急ぎ、深夜に義兄の運転する車で、母と姉、叔母は帰阪した。

心筋梗塞だった。母達が着いた時、父の意識はなかったらしい。

それでも母が来るのを待っていたかのように、父が息を引き取ったのは、母が側に寄り添ってしばらくしてからだった。

(なんやねん、それ)

事故の直後、自分の状態を知った時に使った言葉が、再び口を突いて出た。

(なんで、よりによってこのタイミングなんだよ、親父……)

父は不死鳥のような人だった。

度重なる怪我や病気で生死を彷徨い、いつもその度に奇跡的な回復を遂げてきた。数年前に心筋梗塞を起こして以来、心臓に爆弾を抱えているようなものだったが、エネルギッシュなところは全く変わらなかった。

父が老境を迎えてからはこまめに連絡をとるようにしていたけれど、いつも、「英治は自分のことだけを考えていればいいんや」と逆に気遣われた。

豪放磊落《らいらく》を絵に描いたような男で、大阪の実家から、フラッと散歩でもするかのような身軽さで、いきなり何の連絡もなく、遠く離れた僕の病院を訪れてきたりする。「英治がこうなったからには、わしは90歳まで生きなあかんからなぁ！」と大きな声で笑っていた。

そんな父を、昔、一度だけ思いきり突き飛ばしたことがある。忘れもしない、『リポビタンD』のCMオーディションに受かった時のことだ。僕の知らぬ間に、母校の高校の校長室へ父がリポビタンDとポスターを持って挨拶に行ったことを知り、「余計なことするなよ！　そういうのは自分でやるから！」と激怒した。若い僕は、傲慢《ごうまん》にも、自分のいないところで勝手なことをされて迷惑に感じたのだ。

それから後に知った。CMが決まった時、僕の前では「おう、そうか」くらいの態度だった父が、会社の同僚達の前では、「自慢の息子なんや、応援してやってくれ」と、満面の笑みで頭を下げていたことを。至る所で、僕の売り込みをしていてくれたことを。当時の僕には、親が子を思う純粋な気持ちを受け止められなかった。

父の突然の死は、僕をしたたかに打ちのめした。

事故以来、母の上京時、父は家のことを一人でこなし、パールの世話もしてくれて、疲れが溜まっていたはずだ。僕の引っ越しの手伝いで、母はいつもよりも長くこちらに滞在していた。もしあの日、母が側についていたら……。母を父の最期に一緒にいさせてあげられなかった自分を悔いた。

運命などと割り切れるはずもなく、苦しんだ。一時は過呼吸のようになり、自律神経が乱れ、内臓には何の問題もないのに、医師も驚く程にワインのような血尿が出た。

折しもその日は、密着ドキュメンタリー番組『滝川英治～それでも、前へ』が放送される前日のことだった。そのまま放送するか、延期、もしくは中止してもらうか。急遽、家族や事務所、制作会社との話し合いが設けられた。

僕は親父を思い浮かべた。「英治は自分のことだけ考えてたらいいんや」と口癖のように聞かされてきた言葉。いつも自分のことより家族のことを考えてくれた父。そんな父なら、「わしのことで何悩んでるんや！　何泣いてるんやアホ！」と怒鳴るだろう。父のことで放送中止にして、周りに迷惑をかけたらきっと怒るだろう。

ふと、事故直後、ドラマの放送をどうするかと問われた時の自分と重なった。

僕も自分のことで、放送中止だけは避けたかった。自然と、父の指し示している先がハツキリと見えた。僕は決断した。

「放送してください」

そして『それでも、前へ』というタイトルが、父の声に重なった。


何があっても進め、英治。

這ってでも進め、英治。

振り返らず進め、英治。


誰よりも父が、番組の完成を楽しみにしてくれていた。制作スタッフに、「やるからには賞をとるぐらいのつもりで、いい作品を作ってやってくれ。息子を、どうか宜しくお願いします」と頭を下げて回っていたと聞いた。


翌日、父の告別式が営まれた。

葬式にも出られなかったバカ息子は、義兄の計らいで、特別にテレビ電話を一番後ろに設置して参加させてもらうことになった。スマホ画面を見ているだけのつもりだったが、姉の「英治のことは私とママが支えるから心配しないで」という弔辞を聞いて、思わずスマホに向かって叫んでいた。

「すいません誰か聞こえますか!? 少し話したいのですが！」

急遽スマホを父の祭壇の前まで運んでもらい、マイクに近づけてもらった。そこで僕は、滝川家の長男としてその場にいないことへの謝罪と、いつか必ず皆様にはきちんと挨拶の場を設けること、父との思い出などを語った。話しながら僕は、父に3年程前に心筋梗塞が見つかった時に電話で言われた言葉を思い出していた。短い言葉だった。

「ママをよろしく頼む」

「おねーちゃんは一見サバサバしてるけど、根は優しくて思いやりのある子だから、きょうだい仲良くな」

これは、父が僕へ託した遺言だと受け止めた。だから、姉の弔辞に黙っていられなかったのだ。

「俺は母さんに支えてもらうつもりないから！ 俺が歩けるようになって、ねーちゃんと一緒に母さんを支えるから心配しないで！」

そう、父に誓った。

そしてその夜に、『滝川英治～それでも、前へ』は放送された。

僕は一瞬一瞬を見逃すまいと、全神経を目に集中させた。番組の中で、最後に僕が視聴者に語る前向きな言葉が、不思議と親父が僕を励ます言葉に聞こえた。

（そうか……だから、あえてこのタイミングだったんだな、親父）

ようやく納得がいった。破天荒で奇想天外な父だからこその、すべては僕への伝言だったのだと思った。

その翌日、自宅に届け物があった。その郵便物を見て、思わず息を呑んだ。

郵便物の差出人の名は、父だった。

急いで包みを開けると、中身は、湿布の束。以前からベッドでうまく寝返りを打てず、背中が痛むと母にこぼしていたのを伝え聞き、すぐに評判のいい湿布薬を送ってくれたのだろう。

母が帰阪するたび、「英治の具合はどうだ？」と何度も聞いていたという。豪放磊落だが、いつだって自分そっちのけで家族のことばかり気にかける父だった。

さらに、遺品を整理していた母から連絡があった。父の書斎には「脊髄損傷」についての資料が山積みにされており、父は「脊髄損傷の会」に入会していた。父は自ら、脊髄損傷の勉強をし、いろんな情報を教えてくれた。

父は最後まで僕を心配してくれていた。愛してくれていた。

（ありがとう、父さん！　しっかり受け取ったよ！）

空で見守ってくれているであろう父へ笑いかけた。

2つの後悔

「僕は事故のことを後悔していない」。本心だ。それは未来を信じてるから、まだ自分を取り戻せると思ってるから。

そんな僕でも、2つだけ後悔していることがある。

1つ目は、父が倒れた時に、母を父の側にいさせてあげられなかったこと。僕の事故で家族や周りの人達の人生まで狂わせてしまっていることを痛感し、その申し訳なさで胸が苦しくなった。

2つ目は、愛犬パールのことで母にさらに悲しみを与えてしまったことだ。父が他界し、悲しむ母の心の支えになってくれたのがパールだった。母はパールのおかげで悲しみに暮れる余裕もなく、日常に戻っていけたという。久しぶりにパールと再会した時、母を目で追いかけ回す姿を見た時、心の中に寂しさと同時に、安堵を感じたものだ。

しかし、程なくしてパールの体調が急変した。12歳と高齢でもあり、僕も日頃からある程度覚悟はしていたが、四六時中そばにいる母は気が動転していた。目の前で苦しんでいる愛犬をどうしてやることもできず見守るしかない辛さは、想像を絶する。もはやパールは母にべったりで、母にとってかけがえのない家族になっていたのだから、当然だ。パールの体調不良の原因は結局ハッキリせず、それでも母は、最後まで手を尽くしてくれた。だが、2019年6月25日にパールは、母の腕の中で安らかに息を引き取った。

僕の都合で、愛すべき小さな子を母に託した結果、母に余計な悲しみを味わわせてしまった。僕が最後まで面倒を見ることができれば、母がそこまで喪失感を味わうことはなかっただろう。

(何で俺はこんな身体になってしまったんだろう)

自分が憎くて憎くてしょうがなかった。

一番知られたくなくて、一番知ってほしい人

母が新居に1ヶ月以上滞在してくれた際、言い争いになったことがある。

きっかけは、呼吸の荒い僕に、母が「今日は体調が悪そうね」と言っただけのことだ。いつもは何があっても「大丈夫だよ」と二つ返事で乗り切ってきたのに、この時は何故か「今日は？　昨日とか一昨日の俺の何を知ってる？」と強い口調で言い返してしまった。何故この日も「大丈夫だよ」と答えなかったのか。

「俺の体調が悪くなったんじゃなくて、母さんが俺といる時間が長くなったんだ」

僕のことで面倒をかけて、僕の側にいる時間が長くなることで現実を知られて……。バタバタと大事な存在がいなくなることで、心に限界が来ていたのかもしれない。

病院での2時間程度の見舞いなら、どんなに体調が悪くても、「大丈夫？」と聞かれたら、「大丈夫」と答えてきた。本当のことを言ったところで、心配かけるだけだからだ。

前向きでいようと思う一方、日々、身体は蝕《むしば》まれているようにも感じる。事故後、コンクリート詰めにされた身体が、日に日に固くなっていくような感覚だ。身体の痛みや痺れが消えたことは一度もない。体内で〝骨感〟があるというか、まるで肩や腕、指の中に西洋の鎧でも身に着けているかのような不思議な感覚が続いていた。ひどい時は、剣山を持ったキングコングに握り潰されてるかのような感覚も味わう。

ベッドから車イスへの移乗は、体が大きいので2人がかりで介助してもらう。僕はネットに包まれ、リフトを使って車イスに乗り込む。以前なら5秒でできた1メートルの移動が、20分かかる。東京〜大阪間を移動したくらいの疲労感を覚える。

ずっと大丈夫だと言い続け、隠し通してきたものが、もう隠しきれないと思った瞬間、何かが弾けた。心の中の慟哭《どうこく》を母にぶつけてしまった。

僕の剣幕《けんまく》に驚いた母が、

「あなたのような障がいがある方々も、皆、前を向いて笑顔でやってるじゃない」

と言った。それを聞いて、僕はさらに感情をたたきつけてしまった。

「母さんは、何にもわかってないよ！　そりゃそうだよ。俺のブログやツイッターを見て、情報を知ってる気になってるみたいだけど、それじゃあ世間の人と同じだ。母さんは本質的なものが何も見えてないし、見ようとしてないんじゃない？　１００％障がいを乗り越えることなんて、立ち直るなんて、無理なんだよ！　みんな心の中に苦しみを抱えながら、《それでも！》前を向こうと笑顔で闘ってるんだよ。俺だって、外で、ストリートバスケをやってる人達を見かけて、やっぱり羨《うらや》ましくなった。満員電車で自分の大きな車イスが何人分ものスペースをとってたせいで乗り込めない人を見た時は、すみませんという気持ちになって下を向いてしまったよ。車イスで外に出て、すれ違った小さな子が父親に『パパ、何あれ？』って言っていて『見たら駄目！』という声が聞こえてきたこともある。いくら前を向いてても、ふとした瞬間に現実を突きつけられるんだ！　それでも、皆、何とか立ち上がってるんだよ！　母さんは上辺しか見てないんだよ‼」

この時の僕は別に、気持ちを理解してほしくて感情をぶちまけたわけではない。自分の気持ちなんて自分にしか知り得ないし、自分で乗り越えないといけない。ただ、僕を見てほしかった。

すると黙って聞いていた母の目から、みるみるうちに涙があふれ出した。

「あなたはやっぱり変わってしまった！　心の中にまで障がいを抱えてしまった！」

母は号泣しながら、家を飛び出していってしまった。

僕はその背中をただ見送った。事故から2年経とうという頃になって、初めて自分の感情を母にぶつけた瞬間だった。

母に話している間中、何てことを言ってるんだろうと頭の中では冷静に自分を見つめながらも、抑えることができなかった。どんどん僕が僕でなくなっていく感覚。

家族とは、一番心配をかけたくない相手だけど、一番理解してほしい存在でもある。知ってほしくないが、知ってほしい……矛盾した思い。僕のエゴイズムが母の心をえぐってしまった。

こんな些細《ささい》な言い争いで、家を飛び出した母にもしもの事があったら、後悔するどころじゃない。この2年間、母にどれだけ迷惑をかけ続けてきたか。僕は親不孝者だ。父のこと、パールと続いて大事な存在を喪《うしな》って、母がどれだけ憔悴《しょうすい》しきっているか。明るい母がひそかに流した涙の量は、僕以上かもしれない。

何もわかっていないのは、僕だ。障がいというもの、僕自身の本質からも目を背けていたのは僕のほうだ。知らないうちに自身の心の中に鍵をかけ、壁を作ってしまっていたのは僕のほうだった。人は誰しもが心の中に障がいを抱えている。大切なのはそれとどう向き合い、どう克服していくか。

「身体は不自由でも、心は自由に自分勝手に生きろ！」。生前の父の遺志だ。

見失っていた確かにあるはずの僕の足跡とこれからの道標を、両親が正してくれた。

母の笑顔をもっと見たい……。

父やパールのためにも、母にはいつか、僕の足で前を向いて歩いている姿を見てもらいたい。僕が母を支えていかなければならない。

父が全身全霊で教えてくれたように、父との約束を果たす為にも僕は自分の使命を果たしていく。

一人暮らしを始めた僕に何度も会いにきて、僕を励まし、癒してくれたパール。
目に入れても痛くないほどに大好きです。

"晴れ男"は変わらない

滝川英治担当マネージャー
松山菜摘子

紳士的でわがままな"親戚"

　入社以来ずっと、社長の片山とともに滝川さんのマネージャーとして、数々の現場に立ち会ってきました。滝川さんはわがままでめんどうくさいことを言い出すこともありますが(笑)、とても優しくて紳士的。出会った当初はビシッと決めた姿に圧倒されたけれど、そのうち性格がわかってきて、今となっては"年の近いやっかいな親戚"みたいな感覚です(笑)。突然、何か突拍子もないことを言い出すから、その場にいる人達はついつい惹きつけられる。現場で滝川さんのボケにツッコんでいると、「夫婦漫才みたい」と笑われることも……。

　ドラマ『弱虫ペダル』の撮影に、滝川さんは並々ならぬ思いで臨んでいました。もともと役に入り込むタイプですが、撮影開始までに身体を作り、筋肉の見せ方ひとつにもこだわっていました。ヴィジュアル撮影の時も、細かな角度まで制作スタッフの方と打ち合わせていたのが印象に残っています。地方ロケでもいろいろとこだわって撮影している様子がうかがえました。

　事故が発生してすぐ制作会社から連絡があり、取り急ぎ社長の片山に連絡しました。

　社長がすぐに病院に向かって付き添い、私は滝川さんの自宅のカギを病院の最寄り駅で受け取り、彼の自宅へ向かいました。愛犬パールとは初対面でしたが、滝川さんがなかなか帰ってこなくて不安だったのでしょう、ドアを開けるなり一目散に走ってきて足元にじゃれついてきた姿を憶えています。

　事故から2ヶ月ほどして、リハビリ施設に移った滝川さんと、やっと直接会うことができました。その時点ですでに、しっかりと腹を据えているように見えました。いつも彼の第一声は「あー、松山さん」なのですが、この時も同じように呼びかけられたことが忘れられません。予想していたよりも元気そうだな、とホッとしました。事務所の後輩の近況などを話し、「みんなが滝川さんを待っているよ」といった言葉をかけました。

　事故が報じられて以来、事務所にはメールや手紙で励ましの声がたくさん届いています。最もたくさん頂いたのが千羽鶴で、滝川さんを昔から応援してくれているファンの方も多く、これだけ滝川さんを心配し思ってくださっているという事実に、自分まで元気をもらえて、できる限りサポートしたいという思いがより強くなりました。

「滝川英治」であり続ける意志

マネージャーの私からは、事故後も滝川さんが大きく変わったようには感じません。強いて言うなら、より〝自分〟を意識するようになった気がします。今のこの状況における「滝川英治」を演じる覚悟のような、強い意志を感じます。

彼の変わらない美点のひとつに、仕事の現場にいる人への心遣いがあります。滝川さんは、いつもひとつ仕事が終わるたびに、絶対に「ありがとうございました」を欠かさない人。私とも、業務連絡のやりとりをしていると、必ず「暑いけど、体調崩してないですか?」など気遣いのひと言を付け加えてくれます。病室へ行けば「(部屋が)寒くないですか?」と気にかけてくれたりと、とにかく他人のことを思いやる気持ちが強いんです。

そんな滝川さんがテレビ番組『アスリートプライド』で現場復帰した姿を見た時は、何があってもへこたれない気持ちに胸を打たれました。

現状に気持ちが折れていないし、負けてもいない。もともとの強さに加えて、いい意味で見栄っぱりでカッコつけたがりな部分が、目的に向かってまっすぐに進んでいこうという原動力になっているように感じます。例えば、LINEの返事もタッチペンを使って文字を入力しているとは思えないほど早いですし、何かを身につける適応力や順応性がとても高いですね。「自分でやるんだ」という気持ちの強い彼ならではの、〝強がり〟のおかげだと思います。

ただ、強がるのはいいのですが、強がりすぎて疲れてしまわないよう、頼れるところは頼ってほしいですね。

事故の後、これまでとは違う種類のお仕事のオファーもたくさん頂くようになりました。今は様々な技術が発達しているので、滝川さんにも様々なことにチャレンジし、肩書をどんどんふやしていってほしいです。

新しい仕事も含め、今後のことはじっくり相談していきたいと思いますが、滝川さんはこれまで俳優を第一にやってきたので、マネージャーとしては、これから先、また俳優として舞台に復帰する姿を見たいですね。

これまで滝川さんといる時に、雨が降ったことはありません。退院する日も、天気予報では雨だったのに光が射して晴れて、「さすが俺!」って自慢していました(笑)。

根っからの晴れ男である滝川さんと一緒に、いろんな現場を経験していきたいですし、滝川さんと一緒なら、晴れ渡る素敵な景色を見られそうな気がしています。

第六歩

新しいステージのはじまり

一人暮らしが始まる！

夏空の広がるある日、僕はリハビリ病院の外へ出た。目的は、退院後に一人暮らしをするための部屋探しだ。

事故から1年近くが経っていた。「あの日もちょうどこんな青空だったな」と複雑な思いで空を見上げた。秋口の退院を目指し、様々な準備を始めなければならない。家族は大阪の実家での療養を勧めたが、僕は東京での一人暮らしを続けたかった。それで、バリアフリーの物件や障がいのある人にも住みやすそうな街をあちこち見て回っていた。

実際、外へ出てみると、まだまだ障がい者にとってこの社会は暮らしやすいとは言えないことに気づく。道路の舗装が荒れていたり、少しでも段差があったりすれば車イスや義足で通行するにも危険が伴う。視覚障がい者誘導用ブロックの上に無造作に置かれた自転車を目の当たりにする。家だって、車イスで通り抜ける余裕のある廊下や特別な仕様のトイレや浴室などが必要だ。いくつか見学したけれど、なかなか希望通りにはいかない。

しかし、諦めかけた時に訪れた物件に足を踏み入れた瞬間、「ここだ！」と思った。決め手は南側に広がる大きな窓。日の光が十分に入り、そこから見える青い空に一目惚れした。見晴らしもよく、晴れた日は遠く富士山を一望できる。

ここが、僕のセカンドステージの舞台だ。

天につながる蒼穹《そうきゅう》を眺めていると、心が静まり、感情をフラットにできる。入院している時も、庭に出て無心で空を眺めているうちに数時間経過していることがよくあった。前に書いたように、退院して間もなく、父が突然亡くなった。だから、一人暮らしは、思ってもみないスタートとなった。

これからはひとりだ……。

しかし、何故か、父がずっと側にいてくれるような気がした。見守ってくれている気がした。だから、一抹の不安もなかった。日中は、介護ヘルパーさんの生活サポートを受けながら、リハビリ、パラスポーツや社会福祉や英語の勉強、さらには日記やブログを書いたり、絵を描いたり……何かと忙しい。その中でも、空を眺めていると、天気や時間の移り変わりを肌で感じることができた。

中途半端な復帰はしたくない

「よくなったら、現場に戻ってこい」

事故後、しばらく経つと、こんなふうに有り難い言葉を頂くようになった。「仕事復帰」という言葉が、何度も頭をチラついた。

もちろん、やりたくないはずがない。何もなかった僕が芝居に目覚めて20年近く、そればかりをやってきた。それをある日突然断ち切られて、すぐに全く違う方向へ切り替えたりなどできるはずもない。

だが、せっかくの言葉に、素直に頷《うなず》けない自分もいた。

自分の身体のことは自分がよくわかっている。一度失った声の影響は大きい。事故直後、肺活量は以前の5分の1にまで落ち、口の前に当てられた1枚のティッシュを吹いても全く揺れない。滑舌《かつぜつ》も頭の回転も、明らかに悪くなった。お客様からお金を頂戴できるレベルではない。それは「プロ」としての僕が許さない。

映画やドラマ、朗読劇、ラジオ、声優、ナレーション、イベントなどの出演依頼は続いていたが、すべて断ってきた。

体調の心配もあったが、「じゃあ声の仕事ならできる」程度のノリで仕事はできなかった。そんなぬるい覚悟でできるほど、甘い世界ではない。もしかしたら、今だけはいいかもしれないが、決して長くは続かないだろう。だったら、今の僕にはその土俵に上がるために、まずやるべきことがある。

もちろん、みんな心からの厚意で言ってくれていることは充分わかっている。でも、「良くなる」とはどういうことなのか。どこまで回復したら「良くなった」などと言えるのか。

例えば、150キロのストレートを投げていたプロの野球選手がひじを傷めて休み、治療後に130キロを投げられるようになったら、それは「良くなった」と言えるのか。今の130キロでの復帰が望ましいのか、もう1年リハビリして150キロでの復帰が望ましいのか。どこまで回復したら、復帰できるんだ?

そんな葛藤《かっとう》を心の片隅に抱えながら、リハビリに励む日々を送っていた。

「アスリートプライド」

「パラスポーツを紹介する報道番組のMCをやってみないか?」というオファーが届いたのは、父が亡くなった翌日のことだ。

事務所の社長から話を聞いた時、思わず涙が湧いて出た。

父を失った憔悴《しょうすい》の中で一筋の希望の光が射すのを見る思いだった。このタイミングでの話が、まるで父からの最後のギフトであるように感じられた。だから、身体に負担がかかることを心配した母や姉の反対もあったが、それでも前へ挑戦してみようと思えた。弱気になっていた僕の背中を、父が力強く押してくれたんだ。

とはいえ、芸能人生で初のＭＣだ。元来、僕は良くも悪くも自由に羽を伸ばして場を盛り上げ、ＭＣの方にうまくまとめてもらうタイプ。バラエティ番組でも、もっぱらいじられ役で、ついた呼び名は「キテレツ俳優」。ゲストの立ち位置と番組を仕切りまとめ上げなければならないＭＣでは、責任の重さや大変さのベクトルが違う。ＭＣは、番組の出来を左右するといっても過言ではないポジションだ。番組そのものを背負う覚悟がいる。

引き受けるからには、「障がい者だからしょうがないよね」「ブランクがあるからこんなもんか」とは見られたくない。そういうふうに同情の目で見られるなら、この番組に出演する意味はない。

障がい者の雇用は、社会の大きなテーマでもある。障がい者の引きこもりや社会復帰に伴う困難など、まだまだ差別や偏見の目もある。僕がどんどん表舞台に飛び出して、その境界線を崩していくことが、その偏見をなくすことにつながると思った。

『PARA SPORTS NEWS アスリートプライド』は、たくさんのスタッフが長い年月をかけ、熱意を持って実現にこぎつけた番組だ。プロデューサーとの打ち合わせからも、その情熱と誠実さを感じることができた。モノづくり好きの血が騒ぐ。プロとして仕事復帰するからには、「滝川英治がＭＣでよかった」と思わせなければならない。

これまでスポーツ経験は豊富にあるが、パラスポーツに詳しいわけではない。ただ、２０１８年の平昌オリンピック／パラリンピックは、病室のテレビで視聴者として夢中で楽しんだ。少しずつではあるが、各メディアがパラスポーツに力を注ぎ始めていることも感じていた。あの魅力を伝えるには、どうしたらいいだろう。

まずは僕自身がその世界にドップリ浸《つ》かることだ。徹底的にパラスポーツやパラアスリートについて勉強したり、試合動画をチェックしたりと、まず自分自身がパラスポーツにもっと興味を持つところから始めた。

さらに、ボイストレーニング。腹式呼吸のトレーニングで、笛を吹いたり、吐く息で風車を回したり、滑舌の強化が日課となった。

俳優の仕事でも、役作りや下準備として勉強している時間が一番好きだった。

何かに向かってゼロから挑戦することが大好きなのだ。ゼロから始めて、それを乗り越えた時に新しいものを見つけられるから。

そして２０１９年１月、第１回目の収録の日がやってきた。

復帰の日

前日から緊張していて、眠れなかった。重圧で口から心臓が飛び出しそうだ。

当日は午後早くにスタジオ入りし、出演者やスタッフと顔合わせを行う。同じくMCを務めるフリーアナウンサーの大橋未歩さんも、レポートを担当するアナウンサーの久下真以子さんも、パラスポーツに造詣《ぞうけい》が深い。2人に両脇を固めてもらい、収録に臨んだ。

栄えある初回ゲストは、元スピードスケートの金メダリスト・清水宏保さん、ウィルチェアーラグビーの第一人者・池崎大輔さん、平昌パラリンピックの男子スノーボードバンクドスラローム金メダリストである成田緑夢さん、パラバドミントン女子シングルスランキング世界1位の山崎悠麻さん。そうそうたる顔ぶれだ。

事故以来の初仕事ということで、世間的にも注目されている。久々に浴びる照明が眩《まぶ》しく感じられる。今まで勉強したものをすべて吐き切る意気込みでカメラに向かった。

事故からおよそ1年と4ヶ月。僕は遂に、仕事復帰を果たした。

しかし、収録を終えた時、僕の心を占めたのは「反省」の2文字。「こんばんは」という第一声から、声量も元気も足りていないと感じた。取り返そうと思う気持ちは空回りし、結局取り返すことはできず、やってきたことは何も発揮できないままあっという間に終わっていた。情けなかった。

ゲスト3人のパラアスリートの眼差しを、努力を、そして何よりスポーツを心から楽しむ姿を目の当たりにして、彼らは、まだまだ自分には到底達し得ない境地にいると痛感させられた。

収録が終わった瞬間、プロデューサーが、「二重丸だよ」と言ってくれた。もちろん、素直にその言葉を受け止めることはできなかった。自分自身が一番不甲斐なさを感じていたから。この番組で、誰よりも先頭に立って引っ張らなければいけない立場に僕はいる。にもかかわらず、ハードルを下げたところでの「よかった」と位置づけられていることはわかっていた。

目指す場所の高さと現実とのギャップがたたったのか、収録後、しばらく40度の熱を出して寝込んでしまった。それもまた、反省材料だ。頑張りすぎて体調を壊し、周りに迷惑をかけてしまったら元も子もない。今の自分にとって、体調管理こそ一番の仕事なのだ。気持ちばかりが先行し、まだまだ体調も追いついてこない……。またしても自分の弱さと甘さを痛感させられた。この状況下で、僕に何ができるのだろうか。

そのころ、テレビでは連日、大相撲中継が放送されていた。横綱・稀勢の里の進退に世間が注目していた時期だ。僕も高熱にうなされながら、場所初日から雄姿を観戦していた。稀勢の里は、「横綱は勝って当たり前」といった重圧の中で、いつだってがむしゃらに挑んでいた。負けが込もうと、怪我を堪《こら》えてただひたすらに勝ちへの執念を燃やす不屈の闘志こそ大和魂そのものだ。その生き様を見る者は、たとえ負けても誰も彼を責めることはない。

そして、どれだけ土まみれになっても土俵際で踏ん張る姿。僕は土俵に立つ彼の姿に横綱だとかアスリートだとかのプライドより、人間としてのヒューマンプライド、〈人間としてのあるべき原点〉を見た。

もちろん、立場も、のしかかるプレッシャーも、僕などとは比較にならないだろう。が、過去や未来やらではなく、ただ今目の前のことに必死に踏ん張る姿は、何より大切なんじゃないか。負けず嫌いの僕は、元の100%の姿を見せられないことが悔しかった。けれど、100%の力を出すことより、今は過去の自分の力の10%だとしても、今の自分の力の100%が出せるように努力すること、その姿勢を示すことこそが大切なんじゃないだろうか。

130キロしか投げられなくなったピッチャーでも、今までのように速球に頼るのではなくて、変化球や緩急、コントロールを磨くなど、生きていく道は一つじゃない。選択肢はたくさんあるんだ。

そう思えた時、気負っていたものがスッと抜けていくのを感じた。


その晩、一本の電話があった。

「番組はどうだった？」

クリステルだった。

「ダメだった……」

僕は、吐露した。

すると彼女は、静かに僕を諭した。

「自分が引っ張っていく？　そんなことは二の次だよ。英治は笑顔でいたらいいんだよ。何のために、隣に大橋未歩さんのようなプロフェッショナルなアナウンサーがいるの？番組が望む姿に応える？　10年早いよ。英治が思ってるほど、世間は求めてないよ。それで体調を崩しちゃったら、余計みんなに迷惑がかかるよ」

その言葉で僕は、がむしゃらな生き方しかできなかった20代の頃に言われた言葉を思い出した。

『アスリートプライド』での仕事復帰初日に撮影した一枚。笑ってはいるが、緊張と不安で、ほとんど記憶がない……。

「自分が楽しまなければ、人なんて楽しませられない」

「一番大切なことは、楽しむこと」

僕は復帰仕事の質にこだわるあまり、エンターテインメントにおいて一番大切なことを忘れていたことに気づいた。


その後、『アスリートプライド』は月1回の放送が続いている。

今でも収録後は、毎回が反省の山だ。でも、まず（お疲れ様！　頑張ったな！）と自分を労《ねぎら》ってあげる。収録にも少しずつ慣れてきて、楽しめる余裕も生まれた。収録の度に、やっぱり僕は発信していくことが好きなんだとしみじみ実感する。プレッシャーで高熱が出たことさえ、〈生きている〉という実感に変えさせてくれるほど、今が充実している。

僕の感じるパラスポーツの大きな魅力は、パラアスリートたちの背中に見えるたくさんの人達の思いだ。家族、友人、スポンサー、たくさんの応援してくれる人達のサポートを受け、その思いを覚悟に、感謝の気持ちを推進力に変えている。その人の歩み方や生き様が痛い程に伝わってくる。

それは僕にも共通していて、常に心を感謝の気持ちが占めている。だからこそ、いつか必ず恩返ししたいという思いが、明日の糧になっている。

これからも僕だからこそ気づける視点があると信じて、番組を盛り上げていきたい。

夢

僕には夢がある。

障がい者やその家族、健常者の方々がもっと気軽に集まり、寄り添い合う機会と場所を作りたいという夢だ。

ブログで発信し、読者からコメントをいただく形で、たくさんの声を耳にする。そんな読者の方々と実際に会って、コミュニケーションをとりたいのだ。思いを伝えるだけなら講演会などの形もあるだろうが、檀上から一方的に話すのではなく、よりフラットな目線で、みんなで手を取り合えるような場を作りたい。

今の僕は、まだまだ《ただの怪我した人》。これでは、今までと何も変わらない。僕は、まず同じような困難や障がいと闘っている人たちと交流の場を持ち、皆から気持ちや不自由に思うことなどを受け取り、その後、応援してくれる方々に直接、お礼を伝えたい。そして、障がいのある人達から集めている声を、僕が代表して発信したい。将来的には、野外フェスのような大きなイベントに育てたい。皆が好きに集まって、思い思いに触れ合ったり、情報を交換したりできる場所にしたい。

「助けていただく」「助けてあげる」じゃなく、「お互いが楽しい」、全員がフラットな立場でいられる世の中が理想だ。そこには芸人や俳優や、アーティストをゲストに招いて、漫才やお芝居や音楽があってもいい。美味しいものを出すお店があるのもいいな。楽しい、エンターテインメントな人と人との架け橋を演出したい。

障がいのある人には確かに困難もあるけれど、それぞれに夢があり、できることもたくさんある。人は、どんな状況になったとしても、人生を楽しむ権利がある。さらに言うなら、支えてくれている方々のためにも人生を目一杯楽しむ責任がある。親から大切に育ててもらった命を、僕も大切に生きていきたい。

その先の大きな夢というか願いは、《共生社会》の実現だ。

これまでなかなか社会参加できるような環境にいなかった障がい者達が、積極的に参加し、貢献していくことのできる社会。それは、皆が互いに人格と個性を尊重し、支え合い、人々の多様な在り方を認め合える、全員参加型の社会だ。

障がいの有無に関係なく、老若男女、全ての人が、支える人と支えを受ける人に分け隔てられることなく、互いの人権や尊厳を大切にし、共に支え合い、共に分かち合い、共に歩む。そして様々な個々の能力が発揮される活気に満ちた人生を送ることができる共生社会を、一緒に創造していきたい。

この世界で人々は、それぞれ様々な状況に置かれている。

障がいだけではなく、コンプレックスや社会への不平不満、差別、虐待、いじめ問題などが理由で心を病み、社会から孤立し、家の中に引きこもってしまう人も少なくない。外へ出たいと思っても、怖がる気持ちが先立つ人も多い。また、周囲は「障がいのある人は可哀想だ」「一方的に助けられるべき存在だ」などと考えがちだ。

でも、障がいのある人もない人も、基本的な人権として、日常の生活やスポーツや文化活動など、誰もが同じように社会生活を送る権利を持つことに、もっと目を向けてほしいと思う。

障がいの有無にかかわらず、すべての人が支え合い、一緒に生きていく社会。

それが実現した時、人々の生活や心から〝障がい者〟という概念そのものがなくなるのではないだろうか。


日本では、障がい者とその家族は、まだまだ社会の中に完全に溶け込んでいるとは言い難い現実がある。障がい者や車イスの人が、「見て見ぬ振り、見ちゃ駄目だ」と〝いないもの〟のように扱われることも珍しくない。

一方、ヨーロッパでは、障がい者や車イスの人を見かけた親子連れが、「子どもが車イスを初めて見るから、色々と質問していいですか？」と話しかけてくるそうだ。そして互いに、笑顔でフレンドリーに接し合うという。その何気ない日常の空間こそが、子ども達にその光景を当たり前のものだと自然に理解させるんじゃないだろうか。


まずは直近の舞台として、東京２０２０パラリンピックがある。

パラスポーツは、大人はもちろん子ども達にとっても、感性を広げる絶好の機会になるだろう。

「何に気づき、何を築いていくか」

今の子ども達にとって必要不可欠な自主性を育み、それが未来の社会を支える力となるだろう。

周りの大人の言動や行動が、子ども達に与える影響は大きい。だからこそ、まだまだ多様性に慣れていない世の中において、大人ではなく、逆に先入観のない未来ある子ども達から発信されることで、周りの大人が学ぶことも多いだろう。

今すぐ世の中が、多様性を自然と受け容れるインクルーシブな社会に変わるのは、難しいかもしれない。でもせめて、大人の先入観や固定観念で、子ども達が学んだり体験したりするチャンスを奪わないで、未来ある子ども達に託していきたい。

世界で唯一、パラリンピック2回目の開催地となる大都市、TOKYO。

街も心もバリアフリーな国づくりに取り組み、「おもてなし大国NIPPON」を世界に示そう。

そのためにも僕は、もっと自然に、日常の1コマとして、気軽に外に出て、様々な困難を抱えた方々が思いもしなかったチャンスに出会える機会を増やしていくつもりだ。

たくさんの人達が第一歩を踏み出す手助けをしたい。

いつ、どんな形に結実するか、今はまだわからない。でも、いつか絶対にこの夢は実現させます！

だからまずは僕自身が、もっと知らない世界をこの目で見るために、飛び出さないといけないね！


今、僕は、前だけを見て歩いている。実現したい計画がいっぱいで、毎日が忙しい。

この口で、今もこうしてタッチペンをくわえて文字を打ち込んでいる。

この口で絵筆を操り、絵を描き始め、大人も楽しめる絵本を制作中だ。いつかは僕の半生が映像化されないかな、なんて夢も見ている。その時は、主演はもちろん長瀬智也さんで！（笑）

それに、来る東京2020オリンピック／パラリンピックを盛り上げるために尽くしたい……。

他にも、まだ誰にも話していない、胸の中で温めている夢もたくさんある。

事故に遭ってしばらくして、ある取材で、「滝川さんは今、職業は何だと思いますか？」と質問され、僕は即答した。

「俳優です」

「人を笑顔にできる職業です」

その思いは、今も変わらない。

必ず《俳優〜滝川英治》として、もう一度あのステージに立つ！


40歳になって抱く、これまで想像もしなかった数々の挑戦……。考えるだけで、胸がはずんでくる。

これから未来に何が待っているだろうか。僕には何ができるのだろうか。

明日に、不安や恐怖はない。あるのは希望だけだ。目を閉じると、そこにはいつも、雲ひとつない青空が広がっている。40年間で初めて、「今、生きてる！」と、実感している。


これから先も、僕は高鳴る気持ちを携えて進んでいく。

一歩ずつ、歩いていく。

二人三脚の未来

「えりオフィス」代表
片山依利

純真で手のかかる「息子」

滝川と弊社の縁は、「えりさんにマネジメントしてほしい」という本人の希望で始まりました。当時の滝川は仕事に迷っていた時期で、まっすぐに懐へ飛び込んできたという印象。運命の糸に手繰り寄せられたようなもので、これは引き受けないわけにはいかないと感じたことを憶えています。

滝川は「東京の母」と呼んでくれていますが、私も手のかかる息子に接するような気持ちでマネジメントにあたっています(笑)。でもこれは私だけでなくて、「ワガママなんだから」とボヤきつつも、誰もがつい手を差し伸べてしまう不思議な魅力を滝川は持っているんです。少年のような心の持ち主で、本当に優しい人。今だって大変な状況なのに、会えば「忙しいんでしょ? 体調大丈夫?」などと、自分のことより先に私を気遣ってくれます。

所属して1年ほどは地道に広報活動を行い、舞台『弱虫ペダル』の福富寿一役として熱烈なオファーを頂いた時は、「福富とオレはいろんな面で似ているんだよね」と、とても喜んでいましたね。ミュージカル『テニスの王子様』でファンになったという方からも、「待ってました!」という喜びの声をたくさん頂きました。それからは、右肩上がりに仕事が増えていきました。

変わらない〝強さ〟

事故の一報を聞いて山梨県へ向かう間、近親者以外に症状は教えてもらえないので、なかなか事故の全容がつかめず、まだ半信半疑の部分があったんです。いざ病院へ到着して「滝川は今、どうなっているんですか?」と聞くと、付き添ってくださっていた制作会社の方々が、口々に「滝川さんが『パールを助けて』ととても気にしてるんです」とおっしゃるので驚きました。こんな時も、自分のことより愛犬の心配をするのが滝川らしいところです。すぐに、マネージャーをパールの保護に向かわせました。

滝川と直接会うことができたのは、事故の3日後、ICUでです。ドラマの放送について確認をとるために、口元に耳を寄せると、どうにか聞き取れるぐらいの声ではありましたが、本人の声が聞けて、ひとまず安心しました。それからしばらくは病院の近くに泊まり込みです。この頃は手続きから何から、ひとつひとつ片づけていかなければならない問題が山積みで、それも判断により今後に重大な影響を及ぼすものばかり。次々に降りかかる困難を、滝川とともに考えて、いい方向へ持っていこうともがき続けていました。

今だから言える話ですが、病室のドアを開ける前にお祈りするぐらい、会う時は常に勇気が要りました。そのくらい、お互いに背負うものが多かった。彼のために何をどうしてあげればいいかを模索する中で、あまりにいろいろなことがありすぎて、つい心が折れそうになったこともあります。でも、利益とか責任とかいった次元でなく、滝川と対等な立場で人として愛情をかけていけば、決して悪い方向へはいかないはずだと思えた時、張りつめていた気持ちが少し軽くなりました。そうして、多岐にわたる判断が少しずつしやすくなっていったんです。

事故に遭い、滝川は〝ちょっとやっかいな少年〟から〝すごく素直な少年〟になりました。でも、できることがふえてくるにつれて、また元の〝滝川らしさ〟が戻ってきたんです。それこそは彼の強さで、とてもよいこと。障がいがあるからといって、がらりと変わることが当然だとは思いませんから。

共に描く未来へ

事故の数日後にご家族から今後の所属について訊かれたときに、「本人さえよければ、一生、この事務所にいてほしいです」と即答しました。滝川と一緒に歩いていくことに迷いはないし、成長させてくれてありがとうという感謝の思いしかありません。この揺るぎない気持ちがどこから湧いてくるのか自分でもわかりませんが、出会いと同様、「縁」としか言いようがないですね。

本当に、生きていてくれてよかった。生きていればこそ、憎まれ口をたたき合ったり意見を戦わせたりもできます。滝川には常人とはどこか違う、「もってる」部分があります。才能のある人を支えるのはとても大変で、エネルギーが必要。その分、私自身も頑張らなくてはとエネルギーをもらっています。滝川にはそういうふうに、人を動かす力があるんです。

滝川との未来をふたりで話していると、この先、何かをやってくれる予感が強くしてきます。それは決して夢物語ではないですし、マネージャーとして、彼の構想に大きなやりがいを感じますね。こんな得難い経験をできるマネージャーは、芸能界中を探してもなかなかいないのではないでしょうか。彼とともに歩んでいくことで、私の人生も潤っているんです。

第七歩

七歩の才

たくさんの「一歩」を積み重ねて

僕の人生を一変させた事故から、2年が過ぎた。

事故の直後、ICUにいる時から、僕はこの経験を記録し、いつか世の中に伝えたいと思っていた。

病院のベッドの上で天井のシミを眺めながら、たくさんのことを考え、日記をつけた。最初は周囲の人に頼んでメモをとってもらい、自分でスマホを操作できるようになってからは口でタッチペンをくわえて入力した。

事故で突然、重大なダメージを負った心の動きや、脊髄損傷の現実。綺麗事ではないそれらを形にして発信することで、同じように障がいを前にして日々を生きている人や、困難を抱えている人に、そして自分自身に、何かしら力になれることがあるのではないかと思ったからだ。

だからこそ、家族の反対を押し切ってブログを再開し、密着ドキュメンタリーを撮影してもらったし、こうして本を出すことにした。

あの夜、耐え切れない困難と苦痛に、涙した。

999年分は泣いた。

ブログに何気なく書いたこの「999年」。「1000年」ではなく、1年分残してあったことを、自分でもずっと不思議に感じていた。

今思えば、僕は絶望の中でもわずかな希望を信じていたかったんじゃないだろうか。

未来に、温かい涙を流すエンディングを……。


壁に突き当たる度、自分の弱さを実感する。心の中は不安に押しつぶされそうになる。

自分が強い人間だなんて一度たりとも思ったことはない。

でも、弱い自分だからこそ、自分を信じ続ければ強くなれる。

これまでだって、壁にぶち当たればぶち当たるほど、強くなってきた。

さらにこの2年間で強くなっている。弱い自分でも、目の前の一歩を踏み出すために考え、努力することはできる。それが積み重なれば、次々とまた一歩また一歩と、踏み出すことができる。

そうして僕の通った後には、いつか太くて長い道ができているはずだ。

事故直後の僕に、今の自分が想像できただろうか。少しずつだが、身体を動かせる範囲は広がっている。


今、僕は一人暮らしをしながら、治療とリハビリを続けている。

2019年1月に始まったパラスポーツ番組のMCとして仕事復帰も果たした。

こうして本を書いたり、ブログを綴ったりして、たくさんの方々と思いを共有している。

どれも、痛みや辛さなくして得ることのなかった、僕自身の手で掴みとったものだ。


自分で考えて、決断し、行動する。

足が使えないなら手を使えばいい。

手が使えないなら口を使えばいい。

口が使えないなら頭を使えばいい。

障がい者となった僕自身、
自分の生き方を自分でプロデュースしないといけない。
毎日を必死に生き、足掻《あが》いている。
この身体になったから可能性が狭まるんじゃなくて、

この身体に甘えてしまうことで可能性が狭まるんだ。

どんな人にも潜在的な発展性はあるはずだ。

人生は、生まれ持ったもので成り立つのではなく、物事に情熱を持って取り組み、圧倒的な経験値や、流した涙汗の量に基づき豊かになるものだと思う。

諦めずやり続けることが才能を磨き、たくさんの一歩を積み重ねることで、何かを成し遂げられるんじゃないだろうか。

それが僕にとっての《七歩の才》だと考えている。


僕は……まだまだ弱い。

それでも、僕は……誰よりも強く、これからを僕自身の足で歩いていく。


勇気を持って、一歩を踏み込もう！

「本番！　よーい！」

「アクション!!」

2019年9月15日　滝川英治

歩

著　者　滝川英治

編集人　泊出紀子
発行人　倉次辰男
発行所　株式会社 主婦と生活社
〒104-8357　東京都中央区京橋3-5-7
編集部　☎03-3563-5129
販売部　☎03-3563-5121
生産部　☎03-3563-5125
https://www.shufu.co.jp/
製版所　朝日メディアインターナショナル株式会社
印刷所　太陽印刷工業株式会社
製本所　株式会社あさひ信栄堂

ISBN978-4-391-15356-9

※乱丁や落丁の場合は、お取り替えいたします。お買い求めの書店か、小社生産部までお申し出ください。